2015年安徽省教育厅人文社科重点项目（SX2015A625)研究成果
2016年安徽省高校优秀青年人才支持计划重点项目（gxyqZD2016486)研究成果

U0869626

WOGUO SHENGTAI HUANJING BAOHU
FAZHIHUA LUJING DE YANJIU

我国生态环境保护法治化路径的研究

张　莉◎著

安徽师范大学出版社
·芜湖·

图书在版编目(CIP)数据

我国生态环境保护法治化路径的研究 / 张莉著.— 芜湖：安徽师范大学出版社，2019.9（2025.1 重印）

ISBN 978-7-5676-4164-8

Ⅰ.①我… Ⅱ.①张… Ⅲ.①生态环境 - 环境保护法 - 研究 - 中国 Ⅳ.①D922.684

中国版本图书馆CIP数据核字(2019)第110484号

我国生态环境保护法治化路径的研究　　张　莉◎著

责任编辑：汪碧颖　　责任校对：何章艳

装帧设计：张　玲　　责任印制：桑国磊

出版发行：安徽师范大学出版社

芜湖市九华南路189号安徽师范大学花津校区

网　　址：http://www.ahnupress.com/

发 行 部：0553-3883578　5910327　5910310(传真)

印　　刷：阳谷毕升印务有限公司

版　　次：2019年9月第1版

印　　次：2025年1月第2次印刷

规　　格：700 mm×1000 mm　1/16

印　　张：11.25

字　　数：146千字

书　　号：ISBN 978-7-5676-4164-8

定　　价：50.00元

目 录

第一章 我国生态环境保护法治化路径概述

良好的国家作为全面建设小康社会的重要目标之一。2007年，“十二五”规划纲要进一步要求要加快生态文明建设的步伐。2012年，党的十八大将生态文明建设推向新的历史高度，首次将生态文明加入中国特色社会主义事业的总体布局中，形成了“五位一体”的新格局，具有非常重大的现实意义，同时将生态文明提升到更高的战略层面，表达了以习近平同志为核心的党中央建设生态文明的决心和信心，顺应了世界文明发展的潮流。2017年，党的十九大提出加快生态文明体制改革，建设美丽中国，指出我们要建设的现代化是人与自然和谐共生的现代化，既要创造更多物质财富和精神财富以满足人民日益增长的美好生活需要，也要提供更多优质生态产品以满足人民日益增长的优美生态环境需要；必须坚持节约优先、保护优先、自然恢复为主的方针，形成节约资源和保护环境的空间格局、产业结构、生产方式、生活方式，还自然以宁静、和谐、美丽。

（一）我国提出生态环境问题的意义

习近平总书记在2018年5月召开的全国生态环境保护大会上指出，生态环境是关系党的使命宗旨的重大政治问题，也是关系民生的重大社会问题。生态环境关系人民福祉和民族未来。将生态环境定位为重大政治问题和重大社会问题，是由中国共产党的使命宗旨和生态环境对民生的重要影响决定的，充分体现了以习近平同志为核心的党中央推进绿色发展、建设美丽中国的坚定决心和战略定力。

从生态环境与政治的关系来看，生态环境是关系党的使命宗旨的重大政治问题，增进人民的生态权益是新时代的重大政治任务。当前，我国生态文明建设正处于压力叠加、负重前行的关键期，已进入提供更多优质生态产品以满足人民日益增长的优美生态环境需要的攻坚期，也到了有条件有能力解决生态环境突出问题的窗口期。改善生态环境不是简单的环境问题，而是关乎社会和谐稳定与国家安全的政治问题。从国内来看，人民群众对环境问题高度关注，生态环境在群众生活幸福指数中的地位不断凸显，环境问题往往容易引起群众不满，处理得不好容易引发群体性事件。从国际来看，应对气候变化、节能减排等是各国面临的共同挑战，生态环境问题可能引发国家之间关系紧张和利益冲突，生态安全成为国家安全的重要内容。为此，党中央鲜明地把生态文明写入执政纲领，充分发挥党的领导和社会主义制度能集中力量办大事的政治优势，大力推进生态文明建设。

从生态环境对民生的影响来看，生态环境是关系民生的重大社会问题。良好生态环境是全面建设小康社会的应有之义和国家现代化的重要目标，是美好生活的底色和最普惠的民生福祉。我国还是发展中国家，要坚持以经济建设为中心，但不能以牺牲生态环境为代价。改革开放以来，我国在经济发展取得历史性成就的同时，也积累了大量生态环境问题。生态环境问题已成为人民群众反映强烈的突出问题，广大人民群众热切期盼加快提高生态环境质量。绿水青山不仅是金山银山，也是人民群众健康的重要保障。为此，党中央强调，生态文明建设是关系中华民族永续发展的根本大计，把解决突出生态环境问题作为民生优先领域，强调保护生态环境就是保护生产力、改善生态环境就是发展生产力，坚持生态惠民、生态利民、生态为民，重点解决损害群众健康的突出环境问题，不断满足人民日益增长的优美生态环境需要。

（二）我国生态环境存在的主要问题

1. 资源约束

首先是土地资源约束。我国土地资源总量多，但人均耕地少；耕地质量差，我国山地、丘陵和高原地区的占地面积占全国土地总面积的66%，而平原、盆地的面积仅占全国土地总面积的34%，并且土地沙漠化侵蚀可耕地的速度也在加快；可耕地面积锐减，且土地污染严重，未利用土地开发难度大。耕地问题影响中国的粮食安全，对于中国这样一个人口大国来说，粮食问题关乎国家的稳定，所以耕地的重要性不言而喻。其次是淡水资源约束。虽然我国占有约全球6%的淡水资源，但人均淡水占有量仅为世界人均占有量的四分之一。随着人口的增加和工业化的发展，城市用水也出现供不应求的状况。工业用水、农业用水、生活用水的浪费与污染使水资源越来越短缺，全球很多国家都出现局部的水资源匮乏。最后是矿产资源约束。中国矿产资源总量丰富，但人均占有量仅为世界人均占有量的58%，且实际可供利用的资源比例较低。随着工业化和城市化的发展，矿产资源消耗越来越大，而粗放型经济模式更是浪费了大量资源。尽管科技的进步使人类开发出新能源，也不断发现新的矿产资源，但矿产资源并不是取之不尽、用之不竭的，总有一天会被人类用尽。

2. 环境污染

首先是水污染。根据《2018中国生态环境状况公报》的统计，由于工业废水、生活污水和农业生产产生的水污染，2018年，全国地表水监测的1935个水质断面（点位）中，Ⅰ～Ⅲ类比例为71.0%，比2017年上升3.1个百分点；劣Ⅴ类比例为6.7%，比2017年下降1.6个百分点。废水排入河流还会影响水生生物的生存，造成鱼类减产。而人类因为食用这些鱼等水生生物间接受到威胁。其次是大气污染。浮尘和酸雨是中国大气污染中最主要的污染物，其污染源包括工业企业生产、交通运输、生活炉灶等。全世界每天都向大气中排入很多颗粒物，这些颗粒物吸附着大量有毒有害金属、无机物和有机物等，细颗粒物PM2.5等导致的污染正在全球蔓延，空气污染对人类健康的影响越来越大。2013年伊始，正当人们沉浸在"天蓝、地绿、水净"的美丽中国美好构想中，北京市气象台于1月13日10时35分发布了北京气象史上首个雾霾橙色预警。而PM2.5作为雾霾天气和现今空气污染的直接凶手，因其粒径小，可以很容易附着在一些细菌病毒和有毒的化学物质上，通过呼吸进入人体呼吸道及肺部，从而引发疾病。这使政府和广大市民更加认识到了雾霾的严重性及其危害。这种雾霾天气就是我国大气污染的最主要表现。

3. 生态系统

2018年，我国森林覆盖率为21.96%，实现30年持续增长，相比全球森林覆盖率30.6%（根据联合国粮农组织《2015全球森林资源评估报告》统计）仍有一定差距。森林锐减和草场退化会导致其吸收二氧化碳的能力减弱，加剧温室效应。其次是水土流失和土地沙漠化。过去，由于发展片面追求经济效益，滥垦滥伐、毁林开荒、破坏草场，导致大规模的水土流失。很多地方更是因为缺水和植被遭破坏而走向荒漠化。再次是全球性气候变暖问题对我国亦产生影响。全球的生态环境存在一系列的问题。温室效应、生物多样性减少等尤为典型。温室效应使全球变暖，据科学家预测，温度每升高一度，水稻等作物的产量会减少10%。吸收紫外线来保护地球动植物的臭氧层也由于冰箱等排放的氯氟碳化合物而遭到破坏。最后是生物多样性遭到破坏。环境污染影响生态系统的平衡，导致生态系统退化，由于动植物不能适应新环境以及污染会改变生物原有的进化和适应模式，致使生物多样性减少。此外，外来物种入侵也破坏了生态平衡，给生物多样性带来危机。

二、生态文明建设与社会主义法治体系建设的特点

（一）新时代生态文明建设的特点

生态文明是指，“人类为保护和建设美好生态环境而取得的物质成果、精神成果和制度成果的总和，是人与自然、环境与经济、人与社会和谐共存的社会形态”[①]。生态文明是人类文明发展的高级阶段，是继农耕文明、工业文明之后的文明形态。生态文明建设是我国首提的全新概念，生态文明建设主要由生态战略、能源战略、资源战略、海洋战略和污染控制五个方面构成，这五个方面是生态文明建设的灵魂和实质内容[②]。生态文明建设是我国生态环境保护的重要体现和载

① 孙佑海.推进生态文明建设的法治思维和法治方式研究[J].重庆大学学报(社会科学版),2013(5):40.

② 邓翠华,林光耀,张伟娟.关于生态文明法律制度的辩证思考[J].福建农林大学学报(哲学社会科学版),2015(3):10-14.

体，全球科学技术和生产力水平的快速发展推动了整个时代不断向前发展，同时也推动了世界经济的发展和全人类社会的进步。但是，人类在享受自己文明发展成果的同时，人与自然的矛盾愈加激烈。由于无止境地向大自然掠夺资源，破坏了生态环境、生态圈以及生物链，人类正面临资源枯竭、环境污染、土地荒漠化、全球气候变暖等一系列生态问题。粗放的工业发展污染了大气和河流，人口增长和经济的发展致使生态资源面临枯竭。当今中国正面临和世界各国同样的生态问题，生产力的提高促进了经济的发展和人民生活水平的提高，然而，雾霾现象时常出现，水污染和沙漠化问题依然存在，这都源于我们对大自然的过渡索取和经济高速发展所付出的沉重代价。

当前，国际和国内生态环境日益恶化，而我国经济建设又处于关键时期，所以处理好资源、人口、社会、经济建设和环境的关系尤为重要。党和国家领导人高度重视环境保护，党的十八大报告首次把生态文明建设同经济、政治、文化和社会建设摆在同等重要的地位，提出“五位一体”总体布局，开创了马克思主义中国化的新篇章。这一理念继承并发展了马克思主义生态观和马克思主义中国化的生态观，同时丰富和发展了中国特色社会主义生态理论。党的十八大部署了“五位一体”总体布局，其中经济建设是中心，社会发展是目标，政治协调是保障，文化传创是灵魂，生态文明则是生命力、应变力、承载力、整合力的融入和开拓、适应、整合精神的贯穿。“五位一体”的关系并不是平行和并列的，而是纵横交错、融汇贯通的。党的十八大把生态文明建设理念纳入中国特色社会主义事业“五位一体”的总体布局，并在实践中持续深化。“两山论”“用制度保护生态环境”“绿色化”“绿色发展方式与生活方式”等新观念开始产生广泛影响。《关于加快推进生态文明建设的意见》《生态文明体制改革总体方案》

等一批重要的政策性文件陆续出台，生态文明建设领域的改革思路和重点任务逐步清晰，中央和地方不同层面的生态文明建设试点有序开展。

党的十九大报告中有关生态文明建设的内容高屋建瓴、内涵丰富，字字充满中国智慧，句句符合中国国情，处处体现中国特色，为中国特色社会主义新时代树立起了生态文明建设的里程碑，为推动形成人与自然和谐发展现代化建设新格局、建设美丽中国提供了根本遵循和行动指南。

一是将“建设美丽中国”提升到人类命运共同体理念的高度。党的十九大报告在“坚持推动构建人类命运共同体”中提出，构筑尊崇自然、绿色发展的生态体系，把“建设美丽中国”从单纯对自然环境的关注，提升到人类命运共同体理念的高度。

二是将建设生态文明提升为“千年大计”。党的十九大报告指出，建设生态文明是中华民族永续发展的千年大计。一幅青山绿水、江山如画的生态文明建设美好图景，正在神州大地铺展。一场关乎亿万人民福祉、中华民族永续发展的绿色变革，已经开启征程。

三是牢固树立社会主义生态文明观。党的十九大报告指出，我们要牢固树立社会主义生态文明观，推动形成人与自然和谐发展现代化建设新格局。党的十九大报告提出了诸多生态文明建设理念，如“人与自然是生命共同体，人类必须尊重自然、顺应自然、保护自然”，“像对待生命一样对待生态环境”，“生态文明建设功在当代、利在千秋”等，从价值、理念层面为生态文明建设提供支撑。

四是将“美丽”纳入国家现代化目标之中。走向生态文明新时代，建设美丽中国，是实现中华民族伟大复兴的中国梦的重要内容。党的十九大报告把“生态文明建设”的目标提到了一个新的高度。

五是对“美丽中国”的强国目标制定了明晰的时间表。党的十九大报告指出，到2020年，坚决打好污染防治攻坚战；到2035年，生态环境根本好转，美丽中国目标基本实现；到21世纪中叶，把我国建成富强民主文明和谐美丽的社会主义现代化强国，物质文明、政治文明、精神文明、社会文明、生态文明将全面提升。这三个时间点的目标逐级递进，构成了一张建设美丽中国目标的时间表。

（二）新时代社会主义法治体系建设的特点

人类的历史，在一定程度上可以归纳为寻求有效社会治理的历史。从远古时代到当今社会，人类对社会治理的规律可以概括为从人治到法治的历史过程。1984年，美、英等七国元首签署的《民主价值宣言》中指出，我们相信法治，它公正地尊重和保护每个公民的权利和自由，提供使人类精神能够自由而多样发展的条件。法治这一概念似乎主要意味着由基本原则与价值组成的体系，它们一起给予法律秩序以某种稳定性和连贯性。从历史上看，现代民主观念（权力源于人民）、公民意识（人格独立与平等）、宪法法律至上精神（法制制约权力）、权利神圣信念（政府权力不得侵犯公民权利）等法治意识，对于大多数中国人来说还是较为陌生的，但它是中国法治建设的理论来源之一。

法律是治国之重器，法治是国家治理体系和治理能力的重要依托。面对诸多新的不确定性，在一点且只在一点中出现了一种超越所有裂痕的普遍共识：法治有益于所有人。新时代中国法治建设根源于马克思主义法学理论及当代中国特色社会主义建设的实践，马克思主义法学思想是探索新时代中国法治建设的理论基础。中国共产党成立之时，就将马克思列宁主义作为自己的指导思想。马克思主义法学理论不断发展完善，马克思、恩格斯等人通过揭示法的物质约束性、法的阶级性、法与国家的一致性、权利与义务的对等性等系列理论，开创了人类法学史的新篇章。马克思传统法学话语虽然已经不能回答当代中国法治实践中不断涌现的新问题，但是马克思主义法学理论中有关现代国家治理的原理对于中国法治建设具有重大指导意义。

从法律的效力角度来说，法治化的最优效果的发挥离不开理论与实际的密切结合。中国特色社会主义法治道路是最适合中国国情的法治道路。中国特色社会主义事业的发展推动法治中国建设不断向纵深发展，从其发展历程来看，经历了从社会主义法制建设到确立依法治国基本方略，再到新时期全面实施依法治国战略布局的过程。中国的法治建设工作与改革开放几乎同步进行，两者相辅相成。1978年12月，邓小平同志早在党的十一届三中全会召开前就提出了“有法可依、有法必依、执法必严、违法必究”十六字方针，这标志着我国社会主义法治建设迈上新征程。20世纪70年代末到90年代初，我国的法治建设背景是以经济建设为中心和改革开放，其主要任务是为经济发展提供稳定的社会秩序和为改革开放提供法制环境，与此相适应的主要内容是进行以立法为首要任务的法制建设[①]。1997年9月，党的十五大召开，这次大会是中国法治建设历程中一个重要里程碑，大会极其鲜明地突出“法治”概念，升华了原来的法制建设的理念。党的十五大会议将过去“建设社会主义法制国家”的提法，改为“建设社会主义法治国家”，“法制”提升到了“法治”，大会进一步将依法治国的基本方略明确为党的治国基本方略。1999年召开的第九届全国人

① 夏正林，马良全．改革开放以来法治观念的嬗变与启示［J］．广东社会科学，2019（3）：226.

大二次会议通过了宪法修正案，“中华人民共和国实行依法治国，建设社会主义法治国家”的法治理念此时正式被写入宪法中，这标志着中国法治建设进入了新的境界。党的十八大以来，中国共产党对法治的认识又有了全面的提升，提出全面推进依法治国，法治被作为治国理政的基本方略。“全面依法治国”在党的十九大上正式被确定为推进新时代中国特色社会主义建设“十四个基本方略”之一，法治中国建设进入全面依法治国的新时代。全面依法治国，推进法治中国建设，是实现“两个一百年”奋斗目标、实现中华民族伟大复兴的制度保障。

从密切联系群众的角度来说，中国特色社会主义法治道路是靠我们自己走出来的，别人送不来，书上也抄不来的。探索新时代法治建设首先有必要界定其目标体系：全面推进依法治国是中国法治建设的核心。党的十五大首次明确指出“依法治国，是党领导人民治理国家的基本方略”。党的十八届四中全会第一次以全面推进依法治国为主题，进一步提出全面推进依法治国的总目标是建设中国特色社会主义法治体系，建设社会主义法治国家。党的十九大报告对新时代中国法治建设进行了顶层设计和总体部署，描绘出一幅宏伟蓝图，提出到本世纪中叶，法治国家、法治政府、法治社会基本建成，各方面制度更加完善。在坚持和拓展中国特色社会主义法治道路这个根本问题上，我们要树立自信，保持坚定的立场，从中国实际出发，突出中国特色、实践特色、时代特色。

法治体系与法律体系比较而言，内涵更为丰富。社会主义法治体系这一概念的提出标志我们党治国理政方式的重大转变。法律体系重点是解决法律的制定即有法可依的问题，而法治体系既包括完备的法律规范体系，也包括高效的法治实施体系、严密的法治监督体系、有力的法治保障体系和完善的党内法规体系。建设法治体系与法治国家是对依法治国方略的体现和深化，同时法治体系与法治国家密切关联。法治体系的形成与有效运行是国家治理现代化的重要标志，法治国家建设要求国家治理能力和治理水平达到法治化。建设法治体系的目标是为了更好地建设法治国家。法治体系和法治国家之间也存在一定的区别，法治体系强调的是在社会层面形成良好的法治秩序，法治国家主要是从国家治理层面而言的①。总之，无论是社会层面还是国家权力层面，法治是制约各项活动运行的保证，建设社会主义法治体系与法治国家是中国法治建设的总体目标。

改革开放头30年，我国致力于社会主义法律体系的建设。经过不懈努力，2011年，中国特色社会主义法律体系宣告形成。在新的历史时期，社会主义法治体系取代法律体系是发展的必然结果和要求，是对法律体系内涵的突破性发展。法治是人类政治文明的重要成果，是治国理政的基本方式。我们要推进科学立法、严格执法、公正司法、全民守法，坚持法律面前人人平等，保证有法可依、有法必依、执法必严、违法必究。《中国共产党第十八届中央委员会第四次全体会议公报》列出了社会主义法治体系的五个子体系（或分体系）：法律规范体系、法治实施体系、法治监督体系、法治保障体系和党内法规体系。其中，法律规范体系和党内法规体系是法治的前提和基础，法治实施体系是法治的核心和重点，法治监督体系和保障体系是法治的支撑和保证，五个子体系之间逻辑严密、协调统一，共同构成了依法治国的系统工程。法治体系建设的内涵也从法的制定延伸拓展到了法的实施、法的监督的全过程，表明我党更加注重法的实际社会效果，更加注重法在实际运行中所体现的公平正义价值。党的十八届四中全会

① 王利明.新时代中国法治建设的基本问题[J].中国社会科学,2018(1):49.

通过的《中共中央关于全面推进依法治国若干重大问题的决定》指出：全面推进依法治国的总目标是建设中国特色社会主义法治体系，建设社会主义法治国家。这是第一次在中央文件中提出“中国特色社会主义法治体系”的概念。社会主义法治体系目标首次提出“法治”在治理国家中的重要地位，经济、政治、文化和社会的发展需要法治的保障和推动。

党的十九大报告把全面推进依法治国总目标纳入新时代中国特色社会主义思想，将“坚持全面依法治国”纳入新时代坚持和发展中国特色社会主义的基本方略，是中国特色社会主义法治理论的创新发展，标志着法治中国建设进入新时代，开启了法治强国新征程。党的十九大报告指出，中国特色社会主义进入新时代，我国社会主要矛盾已经转化为人民日益增长的美好生活需要与不平衡不充分的发展之间的矛盾，这体现了我国已经进入法治中国建设的新时代，意味着我国要实现从法治大国向法治强国的转变。这对我国未来一个时期法治建设的发展重点进行了精准定位，具有重要的指导意义。党的十九大报告几乎始终贯穿着“法治”的主旋律，社会主义法治建设已经成为新时代中国特色社会主义理论的重要组成部分。党的十九大报告对社会主义法治做出了新的诠释和论述，社会主义法治建设呈现出以下新特点：

第一，新方略。党的十九大报告提出建设中国特色社会主义“十四个坚持”基本方略，其中坚持全面依法治国是基本方略之一。基本方略是建设中国特色社会主义的任务表和路线图，坚持全面依法治国必须坚持党的领导，完善社会主义法律体系，建设中国特色社会主义法治体系，建设社会主义法治国家。

第二，新挑战。党的十九大报告明确我国已经进入社会主义新时代，社会主要矛盾转化为人民日益增长的美好生活需要和不平衡不充分的发展之间的矛盾。社会矛盾更加复杂和多样化，人民美好生活需要日益广泛，不仅对物质文化生活提出了更高要求，在民主、法治、公平、正义、安全、环境等方面的要求也日益增长，而社会主义法治建设发展仍然不平衡不充分，难以满足人民群众的上述需要。社会主义法治建设成为解决社会主要矛盾的重要手段，面临着巨大的挑战和发展机遇。

第三，新任务。党的十九大报告描绘出社会主义建设的宏伟蓝图，并布置了实现蓝图的两个阶段任务：第一个阶段，从2020年到2035年，在全面建成小康社会的基础上，再奋斗15年，基本实现社会主义现代化；第二个阶段，从2035年到本世纪中叶，在基本实现现代化的基础上，再奋斗15年，把我国建成富强民主文明和谐美丽的社会主义现代化强国。社会主义法治建设也将分为两个阶段：在第一阶段法治国家、法治政府、法治社会基本建成，各方面制度更加完善，国家治理体系和治理能力现代化基本实现；到第二阶段我国物质文明、政治文明、精神文明、社会文明、生态文明将全面提升，实现国家治理体系和治理能力现代化。

第四，新组织。为加强对法治中国建设的统一领导，党的十九大报告中提到成立中央全面依法治国领导小组。全面依法治国是一项长期艰巨复杂的任务，是一项涉及面十分广泛的系统工程，成立中央全面依法治国领导小组，可以统筹各环节工作，充分调动各方面力量，从顶层设计的高度，提高全面依法治国的系统性、整体性、协同性。

第五，新法律。党的十九大报告提出制定国家监察法，依法赋予监察委员会职责权限和调查手段，用留置取代“两规”措施。国家监察法的出台，将有力提高监察措施使用的规范性，保障被监察对象的合法权利，增强对监察机关和人员的监督效力。制定国家监察法是监察体制改革和反腐败国家立法完善的体现，将进一步推进全面依法治国的进程。按照党的十九大报告的要求，全面推进监察体制改革后，2018年3月，第十三届全国人大一次会议通过了《中华人民共和国监察法》，该法实施以后将进一步实现国家监察全面覆盖，推进全面依法治国和法治中国建设过程。

三、生态环境保护与社会主义法治体系建设内在耦合性分析

党的十八届四中全会提出“全面推进依法治国”，就是要将法治建设与社会主义建设的各个方面相结合，为中国特色杜会主义建设提供重要保障。生态文明建设作为“五位一体”总体布局的基础，更迫切地需要法治的保障。因此，只有将生态环境保护与法治建设相融合，以具有强制性、约束性的法律作为生态环境保护的底线和保障，对生态环境保护的各个环节进行规范，才能保证生态环境保护事业的顺利进行，才能保证中国特色社会主义事业顺利发展。生态环境保护法治化是指在生态文明建设的过程中坚持依法办事的原则，坚持法律的最高权威性。这是一个利用法律手段实现生态文明建设的过程，这个过程包括生态文明立法、生态文明执法、生态文明司法、生态文明守法等环节，且每个环节都缺一不可，需要整个国家体系从上至下的配合，各个环节都应承担起相应的责任。国家立法机关要全面客观、有针对性地立法，使法律具有可操作性；执法机关要在执法过程中依法、依规办事，不仅要坚持合法性，还要做到合理性，做到有据可

循、程序合法合理，尽量避免给执法对象造成不必要的损失；司法机关要在司法过程中做到公正、严格、透明、规范，真正做到依法裁判、不偏不倚；每位公民作为社会的一份子要积极守法护法、爱法敬法、信法用法、依法办事、依法维权。只有各个环节都依法办事，生态文明建设才能稳步推进。我国生态环境保护与社会主义法治体系建设是现阶段实现“中国梦”必不可少的两大重要推动力，也是我国社会主义建设发展的重要成果和体现。生态环境保护与社会主义法治体系建设具有不可避免的耦合性，两者相互依存、相互推动。我们相信，正确认识两者的关系，发挥两者的耦合作用，将最终促进美丽中国的实现。

（一）社会主义法治体系构建是生态环境保护的基石和保障

生态环境保护建设需要社会主义法治体系保驾护航。2015年4月出台的《中共中央国务院关于加快推进生态文明建设的意见》提出，加快建立系统完整的生态文明制度体系，引导、规范和约束各类开发、利用、保护自然资源的行为，用制度保护生态环境，并进一步明确到2020年实现生态文明重大制度基本确立的目标：基本形成源头预防、过程控制、损害赔偿、责任追究的生态文明制度体系。2015年10月发布的《中国共产党第十八届中央委员会第五次全体会议公报》再次强调，实行最严格的环境保护制度保障生态文明建设。法律制度是制度的高级表现形态，因为只有法律制度最具有权威性、稳定性、规范性、强制性的特点，可以形成强大的威慑力。法治即法律之治，是指依据法律制度管理国家及政治事务的一种政治结构，强调法律制度作为一种社会治理工具在社会治理中至高无上的地位。法律制度相对于法治体系，前者是手段，后者是目的。用完善的制度体系保障生态环境保护建设，必须建立强制力的生态法律体系，而生态法律体系的运行和发展方向将体现为法治体系的构建。正如习近平总书记指出，只有实行最严格的制度、最严密的法治，才能为生态文明建设提供可靠保障[①]。

（二）生态环境保护推动社会主义法治体系构建

生态环境保护与法治体系建设内在耦合，法治生态化是大势所趋。党的十九大报告将生态文明独立成篇，提出把生态文明建设放在突出地位，融入经济建设、政治建设、文化建设、社会建设各方面和全过程。生态文明是人类遵循自然发展规律，推进社会、经济和文化发展所取得的物质与精神成果的总和。在现阶段生态文明建设的背景下，社会主义法治体系的构建离不开生态文明的建设和推动，法治建设呈现生态化趋势已经不可避免。法治生态化是指法治体系的构建要坚持"以人为本，以自然为根，以人与人和谐以及人与自然和谐为魂"[②]。生态文明建设融入法治体系的构建之中，将使法治更具有持续性和有效性，更适用于目前全球法治生态化的大潮流趋势。

纵观我国法治的发展历史和现状，法治生态化路径需从两个方面

① 2013年5月24日，在十八届中共中央政治局第六次集体学习时，习近平总书记指出：只有实行最严格的制度、最严密的法治，才能为生态文明建设提供可靠保障。2018年5月，习近平总书记在全国生态环境保护大会上再次强调：用最严格制度最严密法治保护生态环境，加快制度创新，强化制度执行，让制度成为刚性的约束和不可触碰的高压线。

② 蔡守秋，敖安强．生态文明建设对法治建设的影响[J]．吉林大学社会科学学报，2011(6)：81.

着手：第一，将生态化因素和生态化意识融入现行法律。法治生态化建设不能仅局限于环境法，我国现行的各项法律中都有与生态化相关的条款，比如《中华人民共和国民法总则》（以下简称《民法总则》）中就有关于环境侵权的相关法律规定，《中华人民共和国刑法》中也有惩治环境犯罪的相关条款。因此，法治生态化路径要求法律法规的制定要充分体现生态环境保护的需求，体现人与自然、人与社会的和谐发展。第二，构建法律资源的生态节约利用机制。法律资源是一种重要的资源，如果浪费法律资源，会给经济社会的发展带来危害和损失。所以，法治生态化需要有效利用并防止浪费法律资源。

第二节　我国生态环境保护法治化路径的前提和目标

生态环境保护法治化的路径复杂且漫长，生态环境保护与社会主义法治建设相互促进、相互融合，共同推动生态环境保护法治化道路的形成及延展。要顺利实现生态环境保护法治化路径，首先要厘清生态环境保护法治化路径的前提，从而为踏上路径夯实基础；其次要界定路径的目标，从而为路径指明方向，这是研究生态环境保护法治化路径的核心问题。生态环境保护法治化路径要求树立生态法治思维与生态法治方式，确定生态环境法治化的基本原则和价值理念，这是进行生态环境保护法治化建设的前提。依据生态环境保护及社会主义法治体系建设的任务和目标，生态环境法治化路径的目标是生态文明法。

一、生态环境保护法治化路径的前提

生态环境保护法治化路径的前提是，树立生态法治思维与生态法治方式，确定生态环境保护法治化的基本原则和价值理念。

（一）树立生态法治思维与生态法治方式

法治通常是指法律制度得到合法、良好运用的一种状态。在法治之下，权力是受限制的，每个人都应该受到法律的制约。随着法律体系的完善以及社会管理创新方式的实施，社会上将出现大量社会组织，而且出现行政机关与社会组织共同管理社会的局面，这样，管理方式将出现平面化。

法治思维是一种趋于平等的思维方式，意味着要充分发挥社会组织的作用。法治是全面的，要求政府、公民都必须接受法律的约束，但主要是约束权力的任意行使。法治这项既存原则的核心内容，即在国家内的所有人和机构，都应该受到法律的约束并享有法律赋予的权利，而法律应该是公开制定的，在制定后（原则上）生效，并且在法院公开执行。在国家治理的问题上，倡导法治思维是政治意识形态的进步，是文明治理的开端。法律不仅是统治阶级的工具，也是公民捍卫权利、自由以及政治参与的工具。我们应该清理不利于法治建设的一些似是而非的概念。

法治思维强调，一切真正的权利必须以个体化公民的权利为中心。历史上，在资产阶级革命时期出现了宽泛的“人民”概念，与人民民主相连，在逻辑上好像人民成了统治者，宣称一切权力属于人民，但这解决不了管理者只能是社会的少数人的事实，所以人民民主仅仅是一种宣传式的政治修辞。法律上的权利都应该是能够个体化的，否则根本就不可能用法治方式展开思维。在法治中，公共权力和个人权利始终是分离的。

生态法治思维是生态环境保护法治化路径的基础。生态环境保护法治化路径立足于生态文明建设，以新时代社会主义法治建设为目标。习近平总书记多次提出，法治是一种基本的思维方式和工作方式。法治思维是一种在法律规范和程序指引下的思维方式[①]。生态文明贯穿于法治建设之中，必然给法治思维增添新的色彩，树立生态法治思维，是生态环境保护法治化过程中首先要重视的问题。生态法治思维是法治思维的拓展和丰富，具有鲜明的特点。法治思维包含了对公平、正义、权利、自由的价值追求，是一种社会意识形态。生态法治思维除了包含法治思维的目标以外，还将绿色、环保、节约、和谐作为首要的价值追求，生态法治思维丰富了法治思维的内涵。生态法治思维要求形成包括环保、节约、公平、正义等在内的日常思维模式，并渗入到社会治理的各个方面。生态环境保护法治化路径探索是一项全面系统的工程，首先必须在全社会树立生态法治思维，即让公众普遍对生态文明建设与法治体系构建产生信仰与追求，在生产、生活和社会发展过程中都会习惯性地贯穿生态法治的思维模式，这是生态环境保护法治化路径的基础之一。

从方法论的角度看，法治思维讲究逻辑推理、修辞论辩和理解解释等技术手段。法治方式则是基于法治思维所衍生的行为方式，没有法治思维就没有法治方式的实施。法治方式是以平和、理性、富有逻辑的方式解决纠纷，既可以满足人们对合法性的追求，又可以满足人们对合理性的愿望，用法治方式调整社会关系可以带来社会长期的稳定与和谐。在法治思维和法治方式的关系上，法治思维是实施法治方式的思想基础。法治方式以法治思维为基础，是法治思维表现和衍生出来的行为方式。法治方式是对全民行为方式的要求，是进行社会管理的现代手段，注重以理性、富有逻辑的方式解决法律纠纷，调整各

① 陈金钊."法治思维和法治方式"的意蕴[J].法学论坛,2013(5):5.

种社会关系。

从国家和社会管理的角度看，法治思维和法治方式是要用法律手段解决社会矛盾，但是我们必须清楚：只有当社会矛盾能够转化成法律问题时，才能运用法治方式来解决，如果某一社会问题无法转换为法律问题，就很难用法治方式来解决。法治方式能够直接解决的是法律问题，而不是所有的社会问题。有些社会问题只能用社会学的方法予以解决。这不是说法律问题不是社会问题，而是说法律问题只是社会问题的一部分，法治方式的作用不是万能的，不可能解决所有的社会问题。比如很多道德问题，如果不能转化为法律问题，运用法治方式也无法解决。在法治社会，法治方式的使用具有优先性和排他性。法治思维和法治方式体现了机关与个人、个人与社会等之间的相互关联。但是，任何人都不得凌驾于法律之上，必须保护个人权利。法治思维排斥任意思维，法治方式排斥专断方式。生态法治方式则对法治方式提出了更高的要求，与生态法治思维共同构成生态环境保护法治化路径的基础。生态法治方式除了具有法治方式的系列内涵及特点以外，更加强调通过运用法治手段使各种社会关系达到协调统一，并力图实现人与人、人与社会发展、人与自然的和谐共生，以和谐统一为目标和追求；生态法治方式要求运用各种法治手段和方法进行国家和社会治理时既要追求公平、正义的目标，又要力争实现高效、节约的目标，注重对生态自然环境的保护和利用，自觉使用科学和生态的手段和方法进行治理，从而实现公平与效率的统一。在进行社会主义法治建设中，有必要树立生态法治思维和法治方式，使生态法治成为日常法律语言及思维模式和方法手段。只有明确生态法治思维和法治方式的地位和作用，才能为生态环境保护法治化路径夯实基础和指明方向。

（二）确定生态环境保护法治化的基本原则

社会主义法治的基本原则是我国实行社会主义法治所必须遵循的原则，生态环境保护法治化的基本原则与其密切相关。社会主义法治的基本原则，是指我国法治建设中的政治性原则，是我国实行社会主义法治所必须遵循的原则。而生态环境保护法治化的基本原则，是指为实现生态环境保护的目标，充分体现生态环境价值，在法治各环节需要严格把握的、贯穿于全部法律规范的具有普遍意义的原则。我国生态环境保护法治化的基本原则主要包括：尊重和体现生态环境规律的原则、可持续发展为导向的原则、共同责任原则、统筹兼顾原则。生态环境保护法治化应立足于遵循生态环境发展规律，坚持可持续发展，处理好发展过程中的利益关系，促进社会全面、协调发展。生态环境保护法治化过程中要注重统筹兼顾原则，关键在于统筹国内、国际两个大局。全球经济一体化态势加速生态环境污染全球化进程，任何一个国家都不可能单独解决人类所面临的环境问题，也不可能在危机面前独善其身。因此，生态环境保护法治化应在更深层次和更广范围内采取协调行动，制定世界生态发展战略，统筹区域间环境保护工作，将国际环境法作为我国生态环境保护的重要依据，协调我国生态环境保护法治体系与世界环境法的关系，从而为解决全人类生态危机问题尽大国责任。

（三）生态环境保护法治化的价值理念

生态环境保护法治化的价值理念是指在当前时代背景下，人类价

二、生态环境保护法治化路径的目标

（一）生态文明法——一种法治的新范式

过去，我国以传统发展观为指导，这种发展观是以牺牲环境为代价的，造成了资源的消耗及浪费。传统发展观坚持以经济建设为中心的方针，导致片面追求国内生产总值指标增长，是一种粗放、计划的发展观。为传统发展提供法律制度保障的则是传统发展法。在新时代的背景下，传统发展观已经成为社会发展的绊脚石，生态文明发展观已经兴起，这是一种保护、节约、市场的新型发展观，将会全方位地不断深入社会发展。传统发展法最终将退出历史舞台，取而代之的是一种创新的法律范式——生态文明法。近几年，法学界一直在进行法律、法治体系化建设。体系，“是一定范围或同类的事物按照一定的秩序和内部联系组合而成的整体”[①]。中国特色社会主义法治理论体系是中国特色社会主义理论体系的重要组成部分，是在中国共产党领导人民群众进行社会主义建设实践中形成的经验总结。党的十八大报告中提出“科学立法、严格执法、公正司法、全民守法”十六字方针后，党的十八届四中全会进一步指出，全面推进依法治国，总目标是建设中国特色社会主义法治体系。党的十八届四中全会还提出了中国特色社会主义法治建设的许多创新观点，形成了中国特色社会主义法治理论体系的基本框架，其核心内容涵盖了立法、执法、司法、守

① 余俊.中国特色社会主义法治理论体系的范式形成[J].学术界,2017(10):171.

法、加强党内法规建设等领域。党的十八届四中全会提出发展符合中国实际、具有中国特色、体现社会发展规律的社会主义法治理论，这揭示了中国特色社会主义法治理论体系的实践性、特色性和科学性的鲜明特征，有利于我们将中国特色社会主义法治理论体系与中国传统社会法制理论、西方法治思想区分开来。

范式是某一科学共同体在长期的探索、培育中形成的共同信念。范式与体系都是指由互相联系、互相制约的要素形成的共同体，但是范式强调的是一种共同的理念和信仰，并由此派生的研究对象、方法等。我们既不能把生态文明法看作一种新的法律体系，也不能将其界定为现行法律体系下一个独立的法律部门，而应该将其上升为一种法治发展的新范式，生态文明法实质上是法律范式转换和革命的结果。范式具有的基本功能是：决定学术问题的提出，影响学术研究目标的确定，决定资料与事实的搜集与整理，提供研究成果的评价标准，等等。可以看出：第一，不能仅从学科内部的逻辑结构，尤其仅从调整对象和研究方法方面去界定该学科独立存在、发展的根据，而应当从该学科的学术传统、理论背景与信念及从业人员有无组成自觉共同体等方面找寻依据，这种界定方式会使我们对该学科的理解更立体，更具历史感。第二，学科的发展应具备规范化的特质，即该学科的从业人员应有共同的信念、共同的基本工具与方法，能够以共同的学术规范将从业者维系在一起，构成自觉有序的学术共同体。第三，应将学科放在历史境遇中考量，充分顾及学科本身与历史现实的互动关系，使学科内容富有生命力，免于概念化、教条化，以至危及实践领域的理论应用成效。之所以确定生态文明法是一种法治范式，是因为其具备了新范式形成的系列条件：第一，具有全新的、坚实的逻辑起点和理论基础，这是新范式的支点；第二，由理论基础出发衍生出一系列要将生态文明发展理念贯穿于法治建设始终，在全社会形成生态法治思维和法治方式。本书将生态文明法的表述上升到法治范式的层次，与生态环境保护法治化路径的目标相契合，这是新时代生态环境保护法治化路径的新目标。将生态文明法作为生态环境保护法治化路径的目标，是因为其具有以下特征：首先，生态文明法与生态环境保护法治化路径具有共同的法律信仰和价值追求。生态文明法对传统发展法进行了矫正。生态文明法的法律信仰和价值追求是协调生态文明建设与经济发展、社会发展之间的关系，努力保护生态环境。其次，生态文明法是整体推进之法。生态文明建设以社会整体为对象，忽略公民、法人等个体，可以直接对个体所组成的整体对象进行法治规制。生态文明法规制对象决定其实施主体只能是国家和政府，只有国家和政府才有能力实施生态文明法，生态文明法的实施和责任主体是国家和政府。无论是生态文明法的规制对象还是责任主体，都具有整体性的特点，这些都使得生态文明法是一个整体和互通的共同体。最后，生态文明法是合作之法，具有开放性和兼容性。纪念联合国人类环境会议十周年特别会议上通过的《内罗毕宣言》第六条指出：“许多环境问题是跨越国界的。”大自然是没有国家和区域的限制的，生态文明法必然是跨国家、跨区域的合作之法。同时，生态文明法作为整体之法，其内部的各项法律也会以生态文明建设为纽带，相互交织、相互关联，所以生态文明法是开放和包容的。

第三节 发达国家生态环境保护法治化路径的基本经验

20世纪50年代，西方国家曾经是世界上环境污染最严重的国家。经过短短几十年的发展，西方国家的生态环境状况已得到改观。这与西方国家政府实施正确的生态环境保护政策，加强生态环境管理是分不开的。生态文明兴起于西方，西方对于生态文明的研究开创了人类生态文明研究的先河，积累了丰富的研究成果。在1962年出版的《寂静的春天》一书中，美国著名生物学家蕾切尔·卡森首先阐述了人类生存所受到的生态威胁，这是人类第一次对生态文明建设进行系统思考。1972年，美国德内拉·梅多斯、乔根·兰德斯、丹尼斯·梅多斯基于多年对生态状况的研究，发布研究报告《增长的极限》，唤醒了人们对人与自然关系的思考，一时间在西方学术界引发了生态研究的热潮。其中，美国工业化进程的生态问题应对，英国环境问题的处理机制及日本公害防治经验，都值得我国借鉴。西方发达国家法治建设起步早，较为完善，在生态环境治理方面也制定了较为完善的法律法规，其中有些制度和理念我们可以借鉴，但是不可以盲目引进，而应该结合我国的具体实践。

本。21 世纪以来，《可再生能源义务（英格兰和威尔士）法令》(2002)、《能源法》(2004)、《可再生交通燃料义务法令》(2007) 等法律法规的制定，使得英国在节约、减排、治理生态环境污染方面形成了比较完备的法律体系。2008 年，英国《气候变化法》生效，使得英国成为首个以法律形式来减少温室气体排放的国家，从而确保了英国低碳经济发展的可持续性[①]。

纵观英国生态环境治理历程，不难发现，系统而完备的法律体系是生态环境治理工作的重要条件和根本保障。首先，英国立法部根据生态环境治理状况及时颁布新法律法规，并对原有法律法规进行相应修正以适应新变化，从而确保法律法规的时效性和全面性。其次，英国生态环境法律体系建设十分注意整体性，各项生态环境保护法律法规相互衔接、彼此补充。我国生态环境保护法治建设是一项系统工程，只有各级法律法规相互协同，才能真正实现生态文明法治建设。再次，英国对于生态环境保护的立法更多注重污染行为预防式立法，预防式立法有效改善了英国生态环境，也大大降低了生态环境保护执法和司法成本。我国目前的生态环境保护法律法规由于主体守法意识不强，对于预防式立法的成效还需要论证，但随着生态环境保护主体守法意识的提高，我国也应逐步从末端惩戒式立法向事前预防式立法转变，不可再走“先污染后治理”的老路。最后，英国对于违法行为处罚相对多样，在处罚上采取经济、惩役等多种手段，确保法律法规能够对相应违法行为起到惩戒作用。我国当前法律法规中对违法行为惩罚相对单一，应该对不同违法行为进行不同处罚，确保法律的权威性和可实施性。在处罚力度上，加大经济惩罚力度的同时，要对造成

① 张彩玲，裴秋月．英国环境治理的经验及其借鉴［J］．沈阳师范大学学报（社会科学版），2015（3）：40.

严重生态环境污染者坚决追究刑事责任。

三、日本生态环境保护法治建设的基本经验

第二次世界大战后，日本加速经济发展，付出了巨大的生态成本，引发了一系列社会问题。日本政府迅速意识到发展背后的问题。日本20世纪70年代修订的《公害对策基本法》，对日本当时的生态环境保护理念、措施进行了详细规定，在此基础上，日本成功地实现了生态环境和经济的协调发展。日本政府为了处理好生态环境对居民生活的影响，在地方设立公害诉苦处理制度，有效反映了地方居民的健康、生活环境等相关问题。设立专业的执法人员对居民受到的公害问题进行及时反馈和处理，并安排具有专业知识的技术人员对当地环境进行调查测评。此外，日本许多生态环境政策是由地方政府提出并加以实践的，类似于我国的试点制度，之后再由中央政府进行全国推广。企业作为经济社会活动的主体，是生态环境恶化的主要责任人。从1971年起，日本政府要求企业建立环境管理员制度，这对全国企业依法从事生产经营活动、保护生态环境起到十分重要的作用。日本生态环境保护政策基本上以法律的形式呈现，有法可依、严格执法是日本生态环境保护法治层面的基本经验之一。

日本在生态环境保护法治建设过程中，注重生态环境保护法治体系的整体性和统一性。首先，日本于1993年颁布了《环境基本法》，并确立其基本法的地位。该法明确提出要降低环境的运转负荷，实现可持续发展。此后数年内，日本在大气、水体、废物、城市环境、农业生态、生物安全等诸多领域，修改旧法或制定新法，使立法尽可能

覆盖到各个领域，让日后的生态环境保护工作于法有据。其次，日本密切关注世界生态环境保护法变化趋势，进而完善本国立法工作。自1993年《环境基本法》颁布后，日本确立“与国际环境法相适应，协同改善全球环境”的理念，在完善本国法律的同时，注重与国际生态环境保护法变化趋势相适应，最终建立起与国际生态环境发展相协同的完备法治体系。一系列扎实有效的法治措施，极大地改变了日本本国的生态环境状况①。

① 张帆.生态文明法治建设探究[D].大连:大连海事大学,2016.

第二章

我国生态环境保护立法机制研究

生态环境保护法治建设是一个长期的过程，需要几代人不懈努力才能真正实现永续发展。自中华人民共和国成立以来，我国的生态环境保护法治体系逐步形成，在立法、执法、司法、守法及法律监督的各个法治领域都已取得长足发展。但由于我国生态环境保护建设起步较晚，部分法治环节仍存在缺漏，这也是我国生态环境保护法治化进程有待完善之处。我国在生态环境保护法治建设过程中，虽然存在不足，但也成果斐然。生态环境保护立法渐趋完备，执法逐渐规范，司法逐步改善，守法愈发自觉，法律监督日趋健全。党的十八届四中全会提出：建设中国特色社会主义法治体系，必须坚持立法先行，发挥立法的引领和推动作用，抓住提高立法质量这个关键。法律具有规范性、民主性、长期稳定性及权威性的特征，以立法引领生态环境保护，构筑并完善生态环境保护法治体系无疑是实现中华民族永续发展的核心所在。

第一节 我国生态环境保护的主要成就

我国生态环境保护立法进程自中华人民共和国成立后正式开始，经历了较曲折的发展过程，但其日益受到国家的重视且逐步完备。改革开放以来，中国生态环境保护立法经历了不同寻常的历史发展轨迹。自1978年党的十一届三中全会召开，中国生态环境保护立法数量之多、修法频率之高和社会影响之大，是这一新兴部门法呈现的主要特质。之所以如此，是因为生态环境是国家政治文明、社会文明和经济文明等一切人类文明的根基。

一、我国现阶段生态环境保护主要立法成果

我国生态环境保护法律体系日臻完善，立法指导思想发生深刻变化。从传统的行政主导立法，到人民主导立法，我国在生态环境保护立法方面已经走到了世界的前列。我国目前在生态资源保护方面制定的法律有《中华人民共和国森林法》《中华人民共和国草原法》《中华人民共和国渔业法》《中华人民共和国农业法》《中华人民共和国矿产资源法》《中华人民共和国土地管理法》《中华人民共和国水土保持

法》《中华人民共和国野生动物保护法》等。在环境保护方面实施的法律有《中华人民共和国环境保护法》《中华人民共和国水污染防治法》《中华人民共和国大气污染防治法》《中华人民共和国固体废物污染环境防治法》《中华人民共和国环境噪声污染防治法》《中华人民共和国海洋环境保护法》等。除此之外，国务院为了贯彻落实我国生态环境保护方面的法律，颁布了一系列法律的实施细则，这些行政法规对于我国生态环境保护起到了至关重要的作用。

中华人民共和国成立后，全国第一次环境保护会议的召开揭开了我国环境保护事业的序幕，也标志着我国生态环境保护立法开始起步。当时的立法主要围绕农业发展进行生态环境保护。1954年颁布的《中华人民共和国宪法》将自然资源和环境要素确定为全民所有，确立了资源环境全民所有权的宪法原则。20世纪50年代，《中华人民共和国矿业暂行条例》《国家建设征用土地办法》《中华人民共和国水土保持暂行纲要》陆续颁布，这一时期立法者开始关注工业生产引起的环境污染，并颁布防治环境污染相关法律法规。

从以上主要立法进程可看出：这一时期的生态环境保护立法主要是针对自然资源的保护及环境破坏的惩戒，从总体上看，尚未形成完整的生态环境保护法治的框架体系，立法领域比较零散。1966年后，我国生态环境保护立法建设受到严重破坏，虽颁布了一些新法规，但多数未能得到充分贯彻实施。进入20世纪70年代，我国工业发展迅速，生态环境污染日趋严重；“文革”严重阻碍了我国生态环境保护事业的正常进程。1973年，第一次全国环境保护会议召开，会议通过了《关于保护和改善环境的若干规定（试行草案）》，这是我国第一部关于环境保护的综合性法规，根据其规定，我国于1974年设立了国务院环境保护领导小组。1978年修订的《中华人民共和国宪法》明文规定“国家保护环境和自然资源，防治污染和其他公害”，从而为我国生态环境保护立法提供了宪法基础和导向。“文革”结束后，1977年，国务院环境保护领导小组办公室提出制定环境法的主张，而后《中华人民共和国环境保护法（试行）》于1979年正式颁布。这标志着我国生态环境保护法治体系开始建立。20世纪90年代，我国生态环境与资源保护立法发展进一步加快，成为我国法制建设中最为活跃的一个领域。其他部门法也对生态环境保护责任作出相关认定。如《中华人民共和国民法通则》中对环境污染对他人造成损害应承担民事责任的规定；1997年颁布的新刑法专门设立“破坏环境资源保护罪”一节，其中违法排放、倾倒或处置有毒有害物造成重大污染事故的应承担刑事责任，破坏水产资源、野生动物资源、土地资源、矿产资源和森林资源应承担刑事责任，等等。进入21世纪，我国生态环境保护法治建设突飞猛进，无论是有关法律、行政法规，抑或是部门规章，都取得了丰富成果，生态环境保护法治体系逐步形成。

习近平总书记曾将全面深化改革与全面推进依法治国比作“鸟之两翼”“车之双轮”，这符合我国当前实际。全面深化改革需要法治保障，全面推进依法治国也需要深化改革。在生态文明建设的进程中，改革与法治的辩证统一同样是贯穿始终的，即在法治下推进改革，通过改革来完善法治。从改革的视角来看，党的十八大把生态文明建设纳入中国特色社会主义事业“五位一体”的总体布局，并在实践中持续深化。“两山论”深入人心，“用制度保护生态环境”“绿色化”“绿色发展方式与生活方式”等新观念开始产生广泛影响。《中共中央国务院关于加快推进生态文明建设的意见》《生态文明体制改革总体方案》及其配套制度等一批重要政策性文件陆续出台，生态文明建设领域的改革思路和重点任务逐步清晰，中央和地方不同层面的生态文明建设试点有序开展。体制改革与制度建设的不断深化有力地证明，全面推进生态文明建设的新时代已然来临。从法治的视角来看，近五年来，以“史上最严厉”的环境保护法实施为重要标志，我国生态环境保护法律体系日趋健全。《中华人民共和国环境保护税法》《中华人民共和国深海海底区域资源勘探开发法》获得通过，《中华人民共和国大气污染防治法》《中华人民共和国水污染防治法》《中华人民共和国野生动物保护法》《中华人民共和国环境影响评价法》《中华人民共和国海洋环境保护法》《中华人民共和国水法》《中华人民共和国节约能源法》等多部法律根据改革要求进行了修正。此外，在审理环境民事公益诉讼案件、环境侵权责任纠纷案件和办理环境污染刑事案件等方面发布了司法解释，生态文明建设相关领域的法规、规章的数量也大幅度增加。由此可见，生态环境保护法治建设正处在快速发展的时期。但是我们应当认识到，改革与法治在很大程度上依然存在着一些冲突。改革往往要求冲破枷锁，改变规则，追求实效，勇于试错和创新；法治需要保证稳定，维护规则，寻求秩序，在成熟的制度下进行治理。在相当长一段时间内，法治的主要价值在于确认改革成果、服务改革大局，显现出工具主义的色彩。党的十八届四中全会通过的《中共中央关于全面推进依法治国若干重大问题的决定》明确提出，实现立法和改革决策相衔接，做到重大改革于法有据、立法主动适应改革和经济社会发展需要，这为重新审视并正确处理生态文明建设领域改革与法治的辩证统一关系创造了机遇，也带来了挑战。

二、我国生态环境保护立法变迁及原因

从我国现有的法律规范文本体系来看，宪法、法律、法规、部门规章和地方法规均承载了生态环境保护的重任。从宪法层面来看，从1978年的宪法修正到1982年的宪法修正，近至2018年的宪法修正，生态环境保护在国家宪法规范体系中的比重和地位日趋加强。从法律层面来看，国家先后针对生态环境要素保护、生态环境保护程序和生态环境保护促进等制定了《中华人民共和国环境保护法》《中华人民共和国大气污染防治法》《中华人民共和国环境影响评价法》和《中华人民共和国循环经济促进法》等30多部法律，这些法律大多制定于20世纪80年代，总量已超过全国人大及其常委会立法总量的十分之一。此外，生态环境保护在刑法和民法等重要的非环境保护法律中也有体现。从生态环境保护法规层面来看，国务院环境行政主管机构先后制定了130余部环境保护行政规章，地方人大及其常委会根据本地情况制定了几百部相关地方性法规[①]。从地方环境保护立法层面来看，为了落实中央生态环境保护立法的任务，地方生态环境保护立法数量大幅度增加，并且部分地方政府的生态环境保护立法表现出一定的超前性。比如，在缺乏中央气候变化立法的背景下，一些省份制定自己的气候变化地方性法规。

1949年以来很长一段时间，政府主要依靠行政命令、通知、纪要和批文解决环境问题，生态环境保护立法的主要特征是以行政为主导的生态环境治理策略。1973年，第一次全国环境保护会议的召开，特

① 孙佑海.新时代生态文明法治创新若干要点研究[J].中州学刊,2018(2):1.

别是《关于保护和改善环境的若干规定（试行草案）》的颁布，标志着国家开始尝试从以往的生态环境治理策略向生态环境治理法治化转变。《关于保护和改善环境的若干规定（试行草案）》可以视为我国第一个综合性的生态环境保护行政法规，是我国环境保护基本法的雏形。1978年，宪法明文规定将保护环境作为国家的一项基本职责，《国务院环境保护领导小组办公室环境保护工作汇报要点》（中央〔1978〕79号文件）将加强环境法制建设、制定环境保护法律作为环境保护工作重点之一。这些表明，我国生态环境保护法治开始了新的历史起点。1979年9月，第五届全国人大常务委员会第十一次会议通过了《中华人民共和国环境保护法（试行）》，这标志着我国生态环境保护法治化建设开始启动。在随后的四十年，我国生态环境保护法治化建设全面展开，既有国家根本大法对生态环境保护的进一步确认和拓展，又有生态环境保护基本法、生态环境要素保护法、生态环境保护程序法和生态环境保护促进法等法律的创立和完善，更有民法和刑法等重要部门法的支撑。加之专门针对生态环境保护所出台的各种法规、规章和地方性法规，我国生态环境保护法律规范体系趋于完善[①]。

在生态环境保护法律规范体系不断完善的过程中，影响最为深远的是生态环境保护议题的宪制化和生态环境保护基本法的修订。自1978年宪法首次将生态环境保护纳入国家的根本大法，到1982年和2018年宪法相继对生态环境保护议题给予关注，特别是2018年生态文明等环境保护议题的入宪似乎表明我国已进入“环境宪法”时代[②]。

① 郑少华，王慧．中国环境法治四十年：法律文本、法律实施与未来走向[J]．法学，2018(11)：17-29.

② 张翔．环境宪法的新发展及其规范阐释[J]．法学家，2018(3)：90-91.

1989年，为了更好地实现生态环境保护的目标，第七届全国人大常委会第十一次会议通过了《中华人民共和国环境保护法》（以下简称《环境保护法》），该法取代了之前的《中华人民共和国环境保护法（试行）》。2014年，第十二届全国人大常委会第八次会议通过了被视为“史上最严厉”的环境保护法——新修订《中华人民共和国环境保护法》，新修订的《环境保护法》被给予保障实现美丽中国的厚望[①]。

纵观全球生态环境保护立法，可以发现，生态环境保护立法通常遵循“重大生态环境事故—重要生态环境立法”的发展轨道，我国也不例外。从1979年《中华人民共和国环境保护法（试行）》的颁布，到各种生态环境单行法的制定和修改，不断出现的生态环境危机加速了我国生态环境保护立法的生成及其变迁。比如，1978年宪法之所以将生态环境保护纳入其中，与20世纪70年代后期不断发生的生态环境污染重大事故密切相关。可见，我国的生态环境保护立法是具有较强回应性特征的法律，目的是解决人与自然之间的高度紧张关系。

政治支持是我国生态环境保护立法创设及其变迁的重要影响因素之一，强有力的政治支持使环境保护立法成为可能。我国生态环境保护立法的政治支持力量有两种：一种来自国务院的政治支持，另一种来自党的政治支持。比如，《关于保护和改善环境的若干规定（试行草案）》很大程度上是1973年召开的第一次全国环境保护会议的产物，得到了国务院的强力支持。1983年第二次全国环境保护会议召开，1984年国务院发布《关于环境保护工作的决定》，它一定程度上对1989年修改环境保护法给予了政治支持。在我国生态环境治理过程中，党越来越扮演重要角色。比如，2012年，党的十八大报告将生态文明作为社会主义事业的重要组成部分；2013年，党的十八届三中全

① 吕忠梅.《环境保护法》的前世今生[J].政法论丛，2014(5)：58.

会通过的《中共中央关于全面深化改革若干重大问题的决定》提出建立生态文明制度体系；2018年，“生态文明入宪”则是党影响生态环境保护立法的最重要体现。

我国的环境保护事业是伴随外交事业的起步创立的。在我国生态环境保护立法历史进程中，国际生态环境保护运动及其思潮的影响甚大①。比如，联合国1972年6月5日在瑞典斯德哥尔摩召开的人类环境会议及其发布的《人类环境宣言》极大影响了我国对生态环境保护问题的关注，进而推动了我国生态环境保护法治建设事业。1992年，在巴西里约召开的联合国环境与发展会议及其提出的可持续发展理念促成全国人民代表大会成立环境与资源保护委员会，一些生态环境法律据此予以修改。2002年，联合国在南非约翰内斯堡举行的可持续发展首脑会议推动了《中华人民共和国循环经济促进法》的出台。中国加入世界贸易组织，给中国环境管理模式及其法治模式等带来了较大的影响②。可见，在我国的生态环境保护及其立法过程中，“国际声誉”是一个重要的推进因素。

① 郑少华，王慧.中国环境法治四十年：法律文本、法律实施与未来走向[J].法学，2018(11)：17-29.

② 郑少华.WTO？环保？——入世后中国环境法走势的断想[J].郑州大学学报(哲学社会科学版)，2002(2)：18-19.

第二节 我国生态环境保护立法的主要不足

法律制度建设是生态环境保护的基础。一方面，生态环境保护不能仅仅依靠人们意识的提高和自觉性，而必须依赖一个有效的法律制度体系的支撑，特别是一个科学而有效实施的法律制度体系的支撑；另一方面，生态环境保护对法律制度的建设提出了新的要求和标准，需要从生态文明的角度重新审视和评估我国的法律制度，特别是生态环境资源法律制度。

生态文明是应对当前生态危机而产生的一种新兴文明形式。从人类文明发展的经验可知，文明每发展到一个新的阶段，就需要修正法律或者用新的法律来承接文明果实，生态环境保护法治建设就是连接生态文明与法律的桥梁。1972年，中国参加联合国人类环境会议，标志着我国生态环境保护立法的开端。1979年，《中华人民共和国环境保护法（试行）》正式颁布实施，我国设立了生态环境保护管理机构。目前，我国已经制定了30多部生态环境保护的法律和千余件法规、规章，近几年环境司法有了长足发展，社会公众的生态环境保护意识也有了显著提升。生态环境保护法已经成为各部门法中发展最快的法律部门。我国在生态环境保护相关法律的建设过程中取得了诸多成就，生态文明法治体系也初具维形，但仍与我国生态文明建设总体目标相差甚远，还存在诸多不足，不能完全适应我国生态文明建设的迫切需求。

一、生态环境保护立法体系不够完善

（一）环境权未作为一项公民基本权利写入宪法

中国特色社会主义法律体系虽然已经逐步形成，但现行生态环境保护立法体系不能完全与全面推进和全面落实生态文明建设的战略部署相适应，生态环境保护立法体系应与时俱进，保障生态文明立法顺利进行。我国的生态环境保护立法体系包括立法内容、立法体制、立法权限等相关问题。法治权威是否树立起来，首先要看宪法，生态环境保护法治权威的树立同样要依靠宪法。《中华人民共和国宪法》第二十六条规定："国家保护和改善生活环境和生态环境，防治污染和其他公害。"这一规定是国家生态环境保护总政策，明确规定环境保护是国家一项基本职责，宣示性地要求对环境、自然资源进行保护。但遗憾的是，环境权并未作为公民的一项基本权利写入宪法。环境权即公民、法人和其他组织等对其所处环境所享有的保障其正常生产、生活所需的良好环境质量的权利[①]。简言之，即享有良好环境的权利，如清洁空气权、清洁水权、采光权、通风权、安宁权、景观权等。环境权仅指享有良好环境的实体性权利，不包括开发利用自然资源的资源权（如取水权、采矿权、养殖权、狩猎权）和排放污染物质的排污

① 刘亚梅.公民环境权入宪的法理分析[D].石家庄:河北经贸大学,2017.

权（如水排污权、大气排污权）等实体性权利[①]。

环境权是人权发展史上的新成就，是第三代人权中的典型代表。根据1979年时任联合国教科文组织人权与和平处处长卡雷尔·瓦萨克提出的观点，人权的概念自产生以来大致经历了三大历史变迁。第一代人权：17—18世纪的资本主义上升时期，人权主要限于公民权利和政治权利，重点旨在保护公民自由免遭国家侵犯，如人身权、私有财产权和言论自由权等。第二代人权：19世纪以后，人权逐步从公民权利和政治权利扩大到经济、社会和文化权利，重点旨在要求国家采取积极行动协助其实现利益，如就业权、福利权和受教育权等。第三代人权：20世纪50年代以后，人权概念从个体性人权逐渐发展到集体性或群体性人权，重点旨在要求加强社会和国际上的合作，如环境权、民族自决权和发展权等。不过，也有学者对卡雷尔·瓦萨克的观点提出了异议。比如，徐祥民教授认为，人权发展经过了初创期、发展期和升华期三个历史时期，但三个时期的核心人权应分别为自由权、生存权和环境权。环境权是生态文明时代的标志性权利。

生态文明是我国人民在中国共产党领导下，汲取古代关于天人合一的文化精髓，借鉴世界上关于可持续发展观等先进理论，并结合当前中国具体国情而进行的伟大创新，具有思想的抽象性和理论的深邃性。但对于广大民众而言，一般难以上升为内心的自觉意识和强烈愿望，并转化为积极主动的实践行动。环境权是促使生态文明由抽象的价值理念和政治思想转变为广大民众普遍的环保意识和广泛的环保行动最为切实有效的制度工具。这是因为，当遭受或极有可能遭受环境侵害时，享有环境权的公民既可以向政府部门主张环境知情权（如请求公开有关环境信息）、环境行政参与权（如请求参与有关环境行政

① 杨朝霞.环境权的理论辨析[J].环境保护,2015(24):50.

决策）和环境行政监督权（如请求履行法定的环境监管职责）而寻求行政保护，也可以向法院提起环境权诉讼而寻求司法保护。维护公民环境权益是生态文明建设的首要任务。生态文明建设的核心任务包括实现环境良好、资源永续和生态健康三个方面。其中，确保良好的环境质量，特别是解决危害群众健康的饮用水水源污染问题、大气雾霾污染问题和土壤重金属污染问题等突出环境危机，让公民能喝上洁净的水，呼吸清洁的空气，吃上安全的食物，是整个国计民生的现实需要，毋庸置疑应当作为生态文明建设的工作重心。从法律的角度看，确保良好的环境质量，最直接、最有效的办法是确认环境权，赋予公民同污染和破坏环境的行为作坚决斗争的法律武器。可以说，公民环境权的实现程度，可以作为衡量国家生态文明建设水平的重要标准。换言之，正如地权（对农地的权利）为农业文明时代的标志性权利、知识产权（主要指专利权等工业产权）为工业文明时代的标志性权利一样，环境权乃生态文明时代的标志性权利。

（二）生态环境保护立法缺乏顶层设计

社会主义法治体系建设首先是要求建立完善的法律规范体系。从立法上看，目前，我国生态环境保护法治体系已经基本形成。从1979年至今，我国已经制定环境和资源保护法律30多部，国务院制定生态环境保护行政法规30多件，地方人大和政府制定地方性环境保护法规和规章近800件，国家和地方各类环境保护标准1800多件。仔细梳理生态环境保护立法庞大的体系构成，不难发现我国目前的生态环境保护立法存在以下瓶颈问题：目前的生态环境保护立法体系中缺乏顶层设计，生态文明建设母法缺失，2013年国家林业局制定颁布《推进生态文明建设规划纲要（2013—2020）》对生态文明建设起到一定的指导规划作用，但是其不具有法律效力，在法律层次上《环境保护法》作为环境与资源保护法体系的基本法，在指导生态文明建设上还不具有全面和综合性。《环境保护法》的制定主体与该法在生态文明建设中应当发挥生态“母法”的统领性作用不相符合，造成该法与《中华人民共和国草原法》等生态要素立法效力相当，其在生态文明建设中应当发挥统领性作用未能得到有效发挥。由于我国生态环境保护立法缺乏强有力的龙头和指导性的法律，所以导致生态环境保护法律规范体系不可避免存在立法重复、立法冲突等突出问题。我国生态环境保护法律数量虽然众多，但是成效却不显著，目前生态文明建设迫切呼吁出台一部生态文明基本法作为生态环境保护的指导性法律[①]。

二、生态环境保护的部分法律规定不明确

生态环境保护法治建设为我们提供了一个观察生态环境问题的新视角，也为解决生态环境问题提供了新思路和新方法。生态环境保护是一项科学的、严谨的事业，因此在生态环境保护立法中需要有科学的、明确的法律规定，才能使生态环境保护立法具有可操作性、可实施性。随着我国经济社会快速发展，生态环境保护方面也暴露出来一些新问题、新难点，依法环保越来越重要。生态环境保护执法主体是指依法享有能够以自己的名义，代表国家独立行使生态环境行政职权，实施具体生态环境行政行为，并且因其生态环境行政行为成为特

① 张莉，郑昆白．论生态文明建设的法治路径规制[J]．佳木斯大学社会科学学报，2016(3)：57.

定生态环境行政法律关系的一方当事人或主体的组织。为保障社会和人民的环境利益，建设良好的社会环境，生态环境保护执法机构成为生态环境保护的最重要的主体。然而，在法律的实施过程中，部分法律条文由于规定的主体不明确，使得法律在实施的过程中，相关部门对于自身的权力和责任不明确，执法不力。例如：2015年实施的《环境保护法》第六十一条规定建设单位未依法提交建设项目环境影响评价文件或者环境影响评价文件未经批准，擅自开工建设的，由负有环境保护监督管理职责的部门责令停止建设，处以罚款，并可以责令恢复原状。该条规定对生态环境保护执法主体的规定过于宽泛，在实践操作中容易导致法律不能有效实施。针对此问题，2015年环保部专门下发《关于新环保法有关执法主体、罚款数额、新法实施前未批新建项目处理的复函》，对相关执法主体进行明确。

法律的生命力在于实施，执法主体不明确的法律、法规是不能实施的，也是不具生命力的。这不仅使法律权威性遭到破坏，而且使执法主体之间相互推卸责任，生态环境遭到肆意破坏。此外，地方生态环境保护立法是我国生态环境保护执法的主要依据，但由于各地生态环境保护立法能力参差不齐，地方生态环境保护立法多是对国家立法的模仿，当国家立法的规定具有原则性和抽象性时，地方立法很难做到准确将其具体化和细化，这造成法规的可操作性较差。执法人员在对违法行为进行行政处罚时，面对原则性和抽象性的法律，或对法律条文的精神理解不透彻，或基于自由裁量的环境行政处罚被相对人提起诉讼，可能降低处罚标准，造成执法不严。

三、生态环境保护的部分法律条文不够完善

现行相关生态环境保护的部分法律条文缺乏科学性和实效性。法律虽然是调整社会关系的手段，是人类通过主观活动创造的成果，但是法律归根结底是客观的，是人类对客观世界的认识在主观上的反映。法律的客观性要求法律必须正确地利用和反映客观规律。生态环境保护法治建设，必须符合客观自然规律，不科学、不符合客观自然规律的生态环境保护法律会破坏法律的权威性，甚至适得其反，鼓励和助长违法行为。

决定企业是否遵守法律的因素有很多，包括守法保障管理、守法促进措施的有效性、企业管理人员守法意愿等，而其中最重要的因素是生态环境违法成本。所谓生态环境违法成本，指企业违反生态环境法律所应承担的后果和损失。从法律经济学的角度分析，生态环境违法成本=违法的责任后果×违法责任承担的概率。企业作为以营利为目的组织，决定其选择生态环境违法还是生态环境守法的关键在于违法成本和守法之间的比较。当企业生态环境守法成本低于生态环境违法成本时，企业守法才有利可图，相关法律法规才可能是有效的，企业才会自愿遵守法律规定。而当企业生态环境守法成本大于生态环境违法成本时，违法成了有利可图的行为，企业便不会遵照法律规定行事，轻易逾越法律红线。

我国目前生态环境违法成本普遍偏低，企业环保费用支出大大高于罚款数额的现实，促使企业宁可违反法律缴纳罚款，也不愿对污染治理采取措施，导致生态环境恶性发展。以大气污染治理为例，2018

年修正的《中华人民共和国大气污染防治法》规定，未按照规定设置大气污染物排放口的，处二万以上二十万元以下的罚款。这种罚款额度对一些小型企业会产生一定作用，但对那些污染治理开支远远超过二十万元的大中型污染企业则不能发挥引导企业遵守环境法律法规的作用，难以使其产生自愿保护生态环境的意愿，长此以往企业将违法视为正常行为，法律的权威性将受到挑战。因此，2018年修正的《中华人民共和国大气污染防治法》中的相关条款还有完善的空间，以提高企业环境违法成本，发挥法律条文的科学性和实效性。

又如,我国自然保护区的建设管理上科学规范性仍需加强，目前《中华人民共和国自然保护区条例》《国家级自然保护区调整管理规定》等明确了自然保护区设立调整的各项要求。国家级自然保护区设立有着一整套比较完善的制度，所有国家级自然保护区均由国务院审定批准建立。不过，由于受成立时科学技术条件、资金投入等限制，加上我国经济社会的快速发展，开发和保护的矛盾日益突出，一些自然保护区，尤其是早期在‘抢救性保护’方针指导下设立的自然保护区难免存在着设立不够规范、科学考察不深入、范围和功能分区不科学不合理的情况。根据《关于建立以国家公园为主体的自然保护地体系的指导意见》，未来我国的自然保护地将划分为3种类型，一是国家公园，二是自然保护区，三是自然公园，这三种类型的自然保护地将占比国土面积的18%左右。除此之外，我们还有大量重要的生态功能区和生态系统脆弱区，它们没有纳入到自然保护地体系当中，就需要通过生态保护红线制度来保护，禁止工业化和城镇化地开发，从而确保国家生态安全。

四、生态环境保护立法缺乏公众参与

《中国人民共和国宪法》第二条明确指出：“中华人民共和国的一切权力属于人民……人民依照法律规定，通过各种途径和形式，管理国家事务，管理经济和文化事务，管理社会事务。”宪法这一基本规定赋予公众依法参与国家事务的权力，使得公众参与生态环境保护立法从本源上具备合法性。公众参与是我国生态环境保护的基本原则及重要途径。生态环境保护立法的公众参与，是指公众应依法通过一定的程序或途径参与一切与公众环境权益相关的立法决策活动、知悉与之相关的环境信息和决策信息、表达自身的环境权益诉求、监督立法决策活动的实施，并在前述知悉、表达、参与和监督等权利受到侵害时得到相应的法律保护和救济。生态文明建设关系到公众的切身利益，环境质量直接影响公众的生活和健康。保持良好、清洁、舒适的环境，既是公众的愿望，又符合公众利益，个人、集体和国家在生态文明建设的根本目标上是完全一致的。从法律上来说，生态环境保护是公民的一项基本权利。公众参与生态环境保护立法的过程，目前虽然参与形式有政府信息公开、公众听证、问卷调查等多种形式，但其制度设计没有形成完整的体系，立法实践应用并不广泛，公众参与对立法决策层的影响难度较大[①]。

① 张帆.生态文明法治建设探究[D].大连：大连海事大学，2016.

第三节 我国生态环境保护立法机制的重构与完善

社会的进步与发展呼吁与之相适应的法律制度，生态化的社会需要建立生态化的法治体系。建立和形成生态文明法的新范式要求建立生态环境保护法治体系。在法治体系的各个环节中，立法是前提，执法是关键，司法是路径，守法是基础，法律监督是保障。因此，生态环境保护法治化路径，要从立法、执法、司法、守法、法律监督等各个法治环节着手，构建立体式生态环境保护法治体系。生态环境保护需要法治保障，立法是法治建设的前提和基础，重构和完善生态环境保护立法要求以法律约束公众的生态化行为，保障生态环境保护顺利进行。

党的十九大报告强调良法善治，提出坚持厉行法治，要以良法促进发展、保障善治。正是基于这一逻辑，良法善治是生态环境保护法治化的核心和关键。良法善治的基础是要有完备的法律体系，“做到有法可依，但不是任何法律都可以用来治理国家，只有良法才符合要求。所以，我们必须科学立法，在此基础上，严格执法，公正司法，全民守法，也就是要立良法、依良法、行良法、达善治”[①]。良法才

① 资金星，张恒业. 良法善治：法治中国的价值追求[J]. 湖南行政学院学报，2018(6)：61.

能善治，立法是实现法治化的前提。目前，生态环境现状更加凸显出生态环境保护法治体系需要完善的迫切性。在生态环境保护法治化的过程中，我们不仅要强调法治的权威，还要努力构建良善的法治，完善生态环境保护制度体系。针对生态环境保护立法中存在的问题，我们应从以下几个方面着手进行完善。

一、将环境权写入宪法，夯实生态环境保护法治化的基础

目前，世界各国普遍较为重视“环境权”这一概念，并且相继将环境权纳入本国的宪法中，这是对环境权高度重视的集中体现。2018年3月，第十三届全国人大一次会议通过了《中华人民共和国宪法修正案》（以下简称《宪法修正案》），其中第三十二条至第五十二条中增加了有关环境保护与生态文明建设的内容，主要包括：其一，将宪法序言第七自然段中的“推动物质文明、政治文明和精神文明协调发展，把我国建设成为富强、民主、文明的社会主义国家”修改为“推动物质文明、政治文明、精神文明、社会文明、生态文明协调发展，把我国建设成为富强民主文明和谐美丽的社会主义现代化强国，实现中华民族伟大复兴”（《宪法修正案》第三十二条）；其二，将宪法第八十九条“国务院行使下列职权”中的“（六）领导和管理经济工作和城乡建设”修改为“（六）领导和管理经济工作和城乡建设、生态文明建设”（《宪法修正案》第四十六条）。“生态文明”等内容写入宪法，这标志着我国的生态环境保护法治迈向了宪法化的新阶段[①]。但是，遗憾的是，截止到目前，我国宪法中并没有明确规定公民环境

① 张翔.环境宪法的新发展及其规范阐释[J].法学家,2018(3):90.

权。公民环境权入宪是我国生态环境保护法治化的基础，是完善生态环境保护立法的前提。

首先，公民环境权入宪是我国生态环境现状的要求。当前我国面临的生态环境问题十分棘手，尤其是雾霾现象在不少省份都有所出现，对公民的生命健康产生重大影响。公民环境权入宪是形势所需，唯有如此才能在法律上为公民的健康与自身的环境权益提供必要的保障，为生态环境的保护制定出切实可行的保护措施及相关的政策法规。

其次，我国生态环境问题导致出现正义失衡现象，使得我国传统的法律不能很好地保障公民的合法权益。同时，由于公民的生态环境认知能力的不断提升，对于公民环境诉权方面的要求，现行的法律已经不能够满足，于是公民环境权早日写入宪法当中显得尤为重要。

再次，公民环境权入宪可以保护公民诉权，公民可以通过环境诉权来请求政府或司法机关保护自己的环境权益，以有效避免自身环境权益受到侵害。宪法之所以是根本大法和最高法，不仅仅因为它可以通过限制国家权力来实现保障公民基本权利的享有和使用，还因为它可以对其限制或者剥夺公民基本权利的行为进行限制和禁止，即以保护公民基本权利为目的。从法理的角度分析，权利要想具有现实的意义，除非能够成为决定当事人利益的审判规则。我们可以看出，救济权利在实施生态环境保护过程中的重要性。而诉权属于为保护权利的事后救济权利，当自然人和法人等其他主体的合法权益遭到不法侵害时，可以请求政府或司法机关对自己的正当权利进行救济和维护。由于公民的生态环境保护意识不断提高，为了维护自身的环境权益，他们会主动地寻找合理的诉求。因此，公民环境权入宪对于公民的环境诉权有着重要的意义。虽然宪法规定的权利具有原则性，不能直接作为法官审判规则，但是它可以作为其他法规的依据来制定相关的环境权，不能否认其对公民基本权利的保护。宪法是人权得以保障的根本法，而公民环境权又是一项基本人权，所以将公民环境权写入宪法中，可以加强对侵害公民环境权的防范。

最后，公民环境权是指公民享有在良好和健康的环境下生存的基本权利，与人类的生活密切相关。如果没有此项权利，公民的生命健康就得不到保障。如果没有健康安全的生存环境，平等和自由等基本权利就无法实现。公民环境权入宪是保障公民合法行使环境参与权和环境诉讼权的基础，是顺应生态文明建设的要求，能够为社会公众提供广阔的维权通道，推动公众积极参与生态环境保护，夯实生态文明建设的法治化基础。

二、制定生态文明建设法顶层法律，优化生态环境保护法治体系

党的十九大报告提出，建设生态文明是中华民族永续发展的千年大计。在历届党的代表大会中，这是第一次将生态文明、生态环境放在如此的高度来对待。这说明生态文明建设对于我国新时代中国特色社会主义建设而言已经非常重要，因此立法机关应当响应党的号召，及时出台生态文明建设相关法律，统领生态环境保护，顺应时代背景的新要求，顺应治国理念的新要求，顺应依法治国的新要求。虽然我国已经有《环境保护法》等一系列保护环境与资源的法律，但是制定生态文明建设专门法依然具有极为重要的意义。2018年3月，第十三届全国人大一次会议通过了《宪法修正案》，将生态文明写入宪法。

全国人大代表、全国政协委员向会议提出建议，制定《生态文明建设促进法》时机已经成熟，《生态文明建设促进法》作为生态文明建设的母法已经提上立法议程。

（一）制定《生态文明建设促进法》的意义

为了推进我国生态文明建设，构建生态文明的法治保障，基于经济社会发展的迫切需求和我国环境资源法对推进生态文明建设的不足，国家应当制定一部生态文明建设的专门法律。首先，制定《生态文明建设促进法》是落实科学发展观，推进生态文明建设的要求。党的十九大报告单篇论述生态文明，将生态文明建设与经济建设、政治建设、文化建设、社会建设一起列为“五位一体”的总体布局，足见党和国家对中国生态环境的忧虑与重视，也将进一步推动生态文明建设。展望未来，我国将更加重视生态文明建设，提升生态文明的水平。为了落实党的十九大报告的精神，推进我国生态文明建设，国家应当为生态文明建设立法。其次，制定《生态文明建设促进法》是推进法治建设，促进法治文明的要求。法治建设是我国社会主义建设的重要组成部分，而生态法治建设则是法治建设的内容之一。生态文明立法一方面为生态文明建设提供法治保障，另一方面也弥补了生态文明法律空白，推进我国的法治建设。最后，制定《生态文明建设促进法》是我国经济社会发展的迫切需求。目前我国面临的生态环境状况既有在全球变暖背景下发生的自然环境本身的变化，又有高速工业化、城镇化进程中人类活动的干扰和破坏。因此，生态文明建设的任务非常艰巨，还有很长的路要走，甚至可能会有反复和曲折。生态文明需要制度建设，为了建设美丽中国，实现中华民族永续发展，必须健全生态文明法治，为生态文明建设提供持续稳定法治保障[①]。

制定《生态文明建设促进法》与我国新时代法治建设密切相关、相互促进。制定《生态文明建设法促进》可以促进法治的重大发展与创新。首先是对现代法学思想建设的创新。我国的法律体系是以马克思主义理论为法学理论的根基的，在传统马克思主义思想体系中，是以资本论为基础，主要涉及对社会的构建，强调财产如何分配，而对生态文明建设的论述相对比较少，对社会的建设也很少从生态建设角度来阐述。而在现代法学思想体系中，将生态文明建设上升为立法层面，是马克思主义与当代中国建设实践相结合的重要成果，这种思想不仅是法学思想的创新，也是对马克思主义理论的完善。其次是对生态文明法律体系的创新。我国进行污染防治和资源保护的最终目的是促进生态文明的提高和生态环境的改善。《生态文明建设促进法》的内容不仅涉及污染防治和资源保护，还涉及国家建设的方方面面，例如社会建设、经济建设、文化建设、思想建设等，可以真正构建成完善的生态文明法律体系。最后是对权利义务表达方式的创新。目前我国已经拥有《中华人民共和国清洁生产促进法》《中华人民共和国循环经济促进法》《中华人民共和国民办教育促进法》《中华人民共和国中小企业促进法》《中华人民共和国农业机械化促进法》《中华人民共和国就业促进法》《中华人民共和国电影产业促进法》等促进法。从本质上看，这些促进法和其他法律不同。促进法“是一种倡导性立法，以鼓励为主，虽然有权利有义务，但是履行了义务就获得了一种权利，即受表彰权、受激励权，国家要给予奖励、给补贴”[②]。因此

① 孙佑海.生态文明建设需要法治的推进[J].中国地质大学学报(社会科学版),2013(1):11-14.

② 高桂林.我国急需出台《生态文明建设促进法》[N].中国环境报,2018-11-19(8).

对生态文明建设立法，应当采用促进法的形式，即通过促进生态文明建设，推动我国生态文明建设法律体系的建成和完善。

（一）《生态文明建设促进法》的立法思路

我国目前的生态文明法治体系基本框架已经形成：以宪法为统领，以环境保护法为基础，以污染防治法及条例和自然资源法为主干，并有大量实施细则和行政法规、行政规章、环境标准及国际环境条约相配合。可见，目前我国生态文明建设立法集中体现在环境保护领域，对于生态资源方面的法律较缺失。依据生态文明建设的实质和内容，有必要重构生态文明建设法治体系。第一，建立一部生态文明建设基本法，以发挥指导和引领作用。目前《环境保护法》作为生态环境保护的基本法，已经不能适应生态文明建设的需要，《环境保护法》重视污染防治，缺乏对资源节约、生态保护的内容规制。部分省份已经制定实施了生态文明建设的指导性文件，如《贵州省生态文明建设促进条例》于2014年7月1日正式实施，这是我国首部省级层面的生态文明建设地方性法规。但是全国尚缺统一指导性的生态文明建设法律，所以可以制定《生态文明建设促进法》，取代《环境保护法》基本法的地位。可以从生态文明建设顶层设计的高度，以保护人居环境、自然资源和生态环境为基本点，按照源头预防、过程控制、损害赔偿、责任追究的框架，构建《生态文明建设促进法》基本内容。第二，构建生态文明建设法律体系。可以在现有法律规范基础之上，依据生态文明建设的规划，制定《国土空间开发规划法》《环境损害赔偿法》《土壤污染防治法》《生态补偿条例》等新法。生态文明建设的法律体系应该从生态战略、能源战略、资源战略、海洋战略和污染控制五个方面构建。

《生态文明建设促进法》应当是宏观指导法、政策框架法、引导促进法和补白创新法。宏观指导是指为转变经济发展方式，建设环境友好型、资源节约型社会提供政策和法律引导。从立法任务和立法目的的角度来说，《生态文明建设促进法》的立法目的是推进我国生态文明建设，任务是为我国社会主义生态文明建设提供宏观指导。因此，《生态文明建设促进法》是宏观指导法。正是基于此，才将生态文明立法和环境资源法区别开来。

《生态文明建设促进法》是政策框架法。生态文明建设是一项系统庞大的工程，涉及方方面面，必须全局性地考虑。因此，《生态文明建设促进法》应当具有框架性，这样才能统摄全局，为国家生态文明建设提供指导。由于生态文明建设的内容过于庞杂，如果面面俱到，不仅难以实现，还会导致生态文明立法没有重点，从而冲淡立法意义。因此，《生态文明建设促进法》立法必须有重点。一是要建立重点制度，作为撬动生态文明的支点。二是规制对象要重点突出。由于我国生态文明建设的主体是政府，所以政府应当为生态文明建设制定相应的引导、激励和规制政策，从而推进我国的生态文明建设。因此，《生态文明建设促进法》的主要规制对象应是政府等行政部门。

《生态文明建设促进法》是引导促进法。引导是与规制相对应的概念。为了实现立法目的，可以采取政策引导、经济激励等措施，也可以采取监管约束管理、责任惩罚等措施。前者是引导促进法，后者是规制管理法，立法者一般将两类措施结合起来。对于生态文明立法，应当以促进和引导为主，以规制和约束为辅。之所以如此，原因在于：《生态文明建设促进法》是宏观指导法，其着力点就是促进和引导，在具体管理和约束方面不易入手；生态文明主要通过引导企业和公众采用低碳、环保、绿色的生产生活方式来实现。因此，引导应当成为主要手段和方法。

《生态文明建设促进法》是补白创新法，填补了我国生态文明宏观立法的空白。《生态文明建设促进法》并非新话题，但是生态文明宏观立法是伴随着“五位一体”总体布局出现的新产物。补白创新法是指避免简单的政策性重复，对生态文明建设领域的空白进行填补，例如污染治理服务合同、低碳发展、生态补偿等。生态文明立法只有定位于规则、原则和制度的补白创新，才具有突出的立法意义[①]。

（三）《生态文明建设促进法》的基本原则

《生态文明建设促进法》的基本原则可以归纳为以下几点：

首先，定位要体现权威性。要将《生态文明建设促进法》定位为生态文明建设领域的纲领性法律，要比《中华人民共和国循环经济促进法》《中华人民共和国清洁生产促进法》等促进法具有更高的法律位阶和权威性。因为《中华人民共和国循环经济促进法》的内容只涉及经济建设领域，《中华人民共和国清洁生产促进法》只在生产领域内发挥作用，而《生态文明建设促进法》的内容则要涉及政治、经济、文化、社会、生态等不同领域，在这些不同领域之内的法律行为，都要受《生态文明建设促进法》指导。因此，为了凸显生态文明建设的重要性，可以将该法定位为生态文明建设领域之内的“小宪法”。

其次，结构要体现全面性。因为生态文明建设涉及面非常广泛，

① 徐以祥，刘海波．生态文明与我国环境法律责任立法的完善[J]．法学杂志，2014(7)：30-37.

不同领域之内都要践行生态文明建设的思想，所以从内容结构来看，《生态文明建设促进法》除了要遵守一般法律规范的结构设计之外，篇章布局还应当尽可能全面，要设计不同的篇章来对政治、经济、文化、社会、生态等不同领域之内的生态文明建设活动加以规范，体现出法律促进生态文明建设的全面性。

最后，内容要体现指导性。从性质来看，《生态文明建设促进法》属于倡导性立法，虽然有权利义务和法律责任，但是惩罚并不是该部法律的特色，因而正面的鼓励要多于反面的限制。这就决定了《生态文明建设促进法》必须具备指导性，不仅要指导生态环境保护立法，还要指导经济立法、民事立法、刑事立法、行政立法，要为部门法的立法提供思想指导。与此同时，对于国际条约的签署以及国际合作，凡是要承担国家义务时，《生态文明建设促进法》也应当提供法律思想的指导[①]。

三、修改部分法律，提高生态环境保护立法质量

（一）将绿色发展理念融入立法活动及法律规定之中

立法理念指导立法的全过程，贯穿于立法活动的始终，因此应当树立人与自然和谐发展的理念，强调生态环境保护的理念在立法活动中的重要意义，并将其作为指导思想贯穿于各个法律原则和法律规则之中，通过法条的形式固定下来。立法者应当遵从自然规律，遵循法

① 高桂林.我国急需出台《生态文明建设促进法》[N].中国环境报，2018-11-19(8).

定程序开展立法活动，将生态文明建设在法律上做出制度化规定。《美国国家环境政策法》为美国的联邦环境立法奠定了主基调，体现了人与自然和谐发展的立法理念。该法在第一条明确规定了其立法目的：联邦政府将与各州、地方政府以及有关公共和私人团体合作采用一切切实可行的手段和措施，包括财政和技术上的援助，发展和增进一般福利，创造和保持人类与自然得以共处与和谐生存的各种条件，满足当代国民及其子孙后代对于社会、经济以及其他方面的要求。

绿色发展是一套崭新的价值观和发展观，绿色发展理念贯穿于在立法过程中，具体表现在立法原则上：第一，《环境保护法》是我国环境与资源保护法体系中的基本法，该法的基本原则是立法理念的直接体现。经济社会发展与环境保护相协调原则、预防原则是对绿色发展理念的直接反映。《环境保护法》中体现基本原则的具体条款甚少，其第四条明确了相协调发展原则，但是没有对预防原则作具体规定，仅在《环境影响评价法》等法律中有所体现。因此，《环境保护法》可以完善法律条文，真正将绿色发展理念贯穿于生态环境保护的基本法之中。第二，我国《民法总则》第九条将“绿色”列入民法基本原则之一，是对“绿色发展”做出的积极响应和有效示范[①]。《民法总则》第九条确立了一条全新的基本原则即“生态环境保护原则”，也被誉为“绿色原则”。《民法总则》中的这一规定，最终将生态环境保护直接提升到民法基本原则的高度，可谓一次重大突破，使得我国民法成为一部更具多元价值的社会化民法典，在追求个人关系的私本位关系合理的同时，也追求个人利益与自然生态利益的关系和谐。生态环境保护原则写入民法，是我国民法对于高度社会化以及生态环境问

①《民法总则》第九条规定：民事主体从事民事活动，应当有利于节约资源、保护生态环境。

题十分突出的当下的一次重要回应。但对于这一原则，我们应当清醒看到，它本身不是环境法对于民法的体制入侵，而是民法对于环境法的一次伸手援助，作用只能是脐带性的、桥梁性的。经济法、刑法、行政法以及其他与经济发展、社会发展相联系的法律确立“绿色”立法理念已经是大势所趋，各项法律应该积极借鉴《民法总则》的“绿色原则”规定，丰富法律基本原则规定，将“绿色发展”的基本理念贯穿于法律的始终。

（二）提高立法质量

立法不科学无法有效保护生态环境，甚至会助长违法者的违法行为。法律的制定必须具有科学性，遵循自然规律，符合社会发展要求。在生态环境保护立法实践中，存在生态违法成本低、守法成本高的现象，企业在经营过程中宁愿选择违法而获取更多的利益，究其根本原因则在于立法科学性欠佳。从我国生态环境保护相关法律中可以看出，数值封顶式和倍率封顶式罚款制度不能有效约束企业对环境污染的违法行为，针对制度不能有效约束企业行为的现状，要对相关制度及时加以修正。针对超标排放和过量排放对环境造成污染的企业，应以企业实际造成的污染损失和对应污染防治措施所需费用为基数，加以一定系数罚款，满足违法成本大于守法成本的基本条件，促进企业选择守法。

我国大部分生态环境保护法律制定于20世纪八九十年代，亟待修改。令人欣慰的是，2015年1月1日，修订后的新《环境保护法》正式实施，新《环境保护法》将生态文明的理念写入环境基本法，对环境预防、监管进行细化，明确生态补偿问题在法律中的地位等。这部被称为“史上最严厉”的《环境保护法》自实施以来，取得了一定的成效。但是，配套法律仍需进一步完善修改：2018年修订的《中华人民共和国大气污染防治法》中缺乏对PM2.5的规制，鉴于PM2.5是雾霾的主要影响因子，应当专门制订一章对PM2.5的监测、治理和防控进行规定；修改《中华人民共和国土地管理法》，对耕地、林地、湿地和草地进行一体化保护等；修改《中华人民共和国环境影响评价法》，真正落实“公众参与制度”，使社会公众能够多渠道地有效行使环境评价权。

要完善与绿色发展有关的“绿色法律”。要对《中华人民共和国循环经济促进法》《中华人民共和国清洁生产促进法》等“绿色法律”进行相应修缮。这两部法律的制定旨在从源头推进和实现绿色生产，这两部法律实施以来，在促使企业节约能源、发展循环经济及清洁生产方面取得了积极的成效，但是随着社会经济的发展也日益显示出不足。可以制定循环经济及清洁生产的标准体系，细化清洁生产行业标准体系。要明确规定推行清洁生产的目标和政策措施，设立清洁生产的推行规划制度，并进一步明确组织实施落实规划的责任制度。为督促企业自觉地按照清洁生产的要求进行产品的生产，达到清洁生产标准要求，要健全企业实施清洁生产推行规划的法律责任，建立包括民事、行政和刑事责任的法律责任体系。

要完善与绿色消费有关的法律。2016年，国家发展改革委等十部门联合印发《关于促进绿色消费的指导意见》，对绿色消费做出了明确界定，指出绿色消费是以节约资源和保护环境为特征的消费行为，主要表现为崇尚勤俭节约，减少损失浪费，选择高效、环保的产品和服务，降低消费过程中的资源消耗和污染排放。目前，有关绿色消费的法律法规有《中华人民共和国节约能源法》《中华人民共和国政府采购法》《公共机构节能条例》《废弃电器电子产品回收处理管理条例》等十几项。国家应增加有关法律法规中绿色消费的专门条款，使企业、个人、政府、公共机构等不同主体分别有法可依、有规可循。目前已有的绿色产品、技术标准认证及标识标准不统一，而且种类繁多，难以被社会认识和采信。因此，各部门应整合绿色产品种类，将环保、节能、循环、低碳等产品统一为绿色产品，并且要加快制定统一的认证标准、认证程序、认证标识等绿色产品标准体系。以经济手段对绿色消费进行长效制约和引导，可以在“绿色税收”“绿色财政”“绿色金融”等方面制定法律政策，在全社会进行绿色消费的宣传和推广①。

要鼓励公民参与立法。在我国宪法和《环境保护法》中都有对公民参与生态环境保护、参与生态环境保护立法的相关规定，体现了鼓励公民参与的良好精神。但在我国《环境保护法》中没有明确规定公民环境权的行使，对公民参与生态环境保护立法规定落实不到位，缺乏有效途径。在信息技术发达的今天，网络已成为重要信息交流工具。在2015年3月第十二届全国人大三次会议上，李克强总理在政府工作报告中首次提出“互联网＋”的行动计划，“互联网＋生态环境保护”也势必会让公民更好地参与到国家事务管理中来，督促其有效行使公民权利。生态环境保护关系每一位公民的切身利益，立法是生态环境保护法治建设的基础，以网络力量提升公众的立法参与度对当今社会生态环境保护法治建设事业发展有深远影响。此外，国家应积极构建“网络政府”，为公民有序、有效参与生态环境保护法治建设搭建平台，力争实现立法的科学性和可实施性。

① 张莉.绿色发展理念下企业环境责任的法律规制[J].湖北经济学院学报(人文社会科学版),2018(5):92-94.

第二章

我国生态环境保护执法机制研究

目前，我国在生态环境保护方面已有多部法律、行政法规、部门规章和地方性法规，在一定程度上改变了生态环境保护立法不足的局面，基本实现了有法可依。现实生活中，我国现有的生态环境保护法律法规在执行过程中存在一些问题。因此，在完善现有法律的同时，改善现有法律法规的执行现状，显得尤为重要。特别是面对部分地区严重的雾霾天气，很多人呼吁制定新的生态环境保护法来解决问题。殊不知，如果没有很好地执行现有的法律，而寄希望于制定新的法律，其结果只能是耗时耗力，不利于问题的解决。

第一节 我国生态环境保护面临的执法困境

随着生态环境保护法治体系的建立，运用法律手段解决生态环境问题至关重要。实践是检验真理的唯一标准，通过生态环境保护执法可以发现法律存在的漏洞，起到反馈作用，从而更好地推进生态环境保护法治建设的进程。

一、生态环境保护执法权缺乏独立性

尽管我国生态环境保护执法取得了较大的成绩，但生态环境保护执法难仍将长期存在。生态环境保护执法的任务依然非常繁重，且难度有加大趋势。在保护生态环境的执法过程中，执法权是执法活动的先决条件，是生态环境保护部门进行执法活动的依据，但是我国生态环境保护执法面临着执法权的分配不明确的问题。纵观我国40多年的生态环境保护法治建设过程中，执法机制不顺畅现象普遍存在，这阻碍了我国生态环境保护进程。只有深入探究生态环境保护执法面临的困境并分析其产生的原因，才能寻找到生态文明建设机制创新的有效途径。自然生态系统的完整、稳定和健康是生态文明的物质基础。

生态环境作为多个环境要素和经济社会生活的综合体，其管理具有典型的综合性。我国现行的“生态环境保护部门统一监督管理，有关部门分工负责”的生态环境监督管理体制，导致生态环境保护执法权不独立、不完整。主要体现在以下几个方面：

其一，对同一种生态环境要素的监管权在不同部门之间进行分割。1989年实施的《环境保护法》第七条规定我国环境保护工作实行“统一监督管理和分级分部门监督管理”的监管体制，并列举了十多个分管部门。2015年实施的《环境保护法》第十条规定：国务院环境保护主管部门，对全国环境保护工作实施统一监督管理；县级以上地方人民政府环境保护主管部门，对本行政区域环境保护工作实施统一监督管理。我国生态环境保护实行统一监管理和部门分管相结合的基本体制。这一监管体制意味着对同一生态环境要素会有多个部门进行监管。以水要素管理为例，不管是作为“资源”的水还是作为“环境要素”的水，都是地表水和地下水、水量和水质的统一体。我国法律不仅把地表水和地下水分开管理，把水量和水质也分开管理。对地表水的管理，根据《中华人民共和国水法》，水行政主管部门负责开发、利用、保护、管理水资源，防治水害等工作；根据《中华人民共和国水污染防治法》，“县级以上人民政府环境保护主管部门对水污染防治实施统一监督管理”。水利部门管水量，生态环境保护部门管水质，由此在实践中形成了“生态环境保护部门不下水、水利部门不上岸”的管理现状。另外，《中华人民共和国水污染防治法》还规定了“交通主管部门的海事管理机构对船舶污染水域的防治实施监督管理。县级以上人民政府水行政、国土资源、卫生、建设、农业、渔业等部门以及重要江河、湖泊的流域水资源保护机构，在各自的职责范围内，对有关水污染防治实施监督管理”。可见，在水污染防治工作中同样存在“九龙治水”的现象。对地下水的管理，也存在多头管理的问题。水行政主管部门只监管地下水的一般性资源功能，国土资源部门只监管地下水特定的矿业资源功能，生态环境保护主管部门只监管地下水的纳污能力即环境容量功能。地下水被按照功能差异进行了分割管理，事实上这些功能都不是截然可分的。

其二，生态环境保护监察执法权不独立。生态环境监察机构是生态环境保护的专职执法机构，我国目前初步形成了国家、省、市、县四级生态环境保护执法监督体系。长期以来，由于相关法律规定的缺失，使得环境监察机构的法律地位一直不明确。2012年颁布实施的《环境监察办法》虽然指出环境监察机构在业务上实行分级管理，受上级环境监察机构的指导和监督，行政上则隶属本级环境行政机构管辖，接受其领导，最终对本级环境保护主管部门负责，但是“环境监察”未曾出现在相关法律中，法律身份不明确直接影响执法的独立性。2015年实施的《环境保护法》明确了“环境监察机构”的法律地位，但仍将其定位为委托执法机构而不是法律授权部门，环境监察机构依然不能作为行政主体具备独立执法权。地方环境监察机构的事业单位身份，“使得地方环保机构监察执法的独立性大打折扣，执法地位和权威受到影响”[①]。另外，2015年新的《环境保护法》实施后，环境监察机构在现场检查和调查取证阶段，常会涉及新规定的生态环境行政强制措施的实施，而根据《行政处罚法》和《行政强制法》的有关规定，行政处罚权可以委托，行政强制权不得委托。缺乏行政强制权，环境监察机构的环境执法权就不是完整的执法权，这会大大降低生态环境保护一线执法的权威和效率。

---

① 陈媛媛，周迎久，冯永强，等.如何用好这把双刃剑?[N].中国环境报，2014-05-14(5).

其三，部分生态环境保护行政执法职权被政府部门分割。2015年实施的《环境保护法》第五十一条规定，各级人民政府应当统筹城乡建设污水处理设施及配套管网，固体废物的收集、运输和处置等环境卫生设施，危险废物集中处置设施、场所以及其他环境保护公共设施，并保障其正常运行。也就是说，对于管理辖区内的污染防治等生态环境保护公共服务的提供，生态环境保护部门是缺席的。另外，2015年实施的《环境保护法》第六十条规定，排污者超标或者超总量排污，“县级以上人民政府环境保护主管部门可以责令其采取限制生产、停产整治等措施；情节严重的，报经有批准权的人民政府批准，责令停业、关闭”。依据该条规定，对于符合法律规定的违法行为，县级以上人民政法环境保护主管部门必须报经相关人民政府批准，才能行使执法权。因此，生态环境保护执法部门执法权生态环境保护执法权受到一定限制，在一定程度上生态环境保护执法部门的权力被政府分割。

其四，存在多个政府部门同时管理同一个区域的情况。2015年实施的《环境保护法》规定：“地方各级人民政府应当对本行政区域的环境质量负责”（第六条），“县级以上地方人民政府环境保护主管部门，对本行政区域环境保护工作实施统一监督管理”（第十条）。但是现实中由于生态自然资源的分布特点，一个流域、一片森林、一个矿带、一个生物群落等会出现跨行政区域分布，往往分属于不同行政区，按照2015年实施的《环境保护法》的规定，一方面，各行政区域会造成其生态环境保护工作由各自生态环境保护主管部门分别“实施统一监督管理”，但是另一方面，由于生态自然资源分布的特点，每个行政区的生态环境保护主管部门实质上很难对这一个生态环境区域实现规划和协调的统管职责，各行政区域生态环境保护主管部门之间的生态环境保护执法权难免混淆、各自独立性不强。

二、生态环境保护法律责任制度不完善和执法不足

法律责任是立法能否得到实施，能否最终实现其目标的关键要素。特别是对于生态环境保护立法这种带有强烈政策性特征的立法而言，法律责任条款是立法有效性的决定因素。目前我国生态环境保护法律责任制度不能适应生态环境保护要求的问题主要表现在以下几个方面：

（一）承担生态环境保护法律责任的主体过于狭窄

生态环境法律责任，是指生态环境法主体因违反其法律义务而应当依法承担的，具有强制性否定性法律后果，按其性质可以分为生态环境行政责任、生态环境民事责任和生态环境刑事责任三种。由于生态环境责任的多样性与具体性，决定了承担生态环境责任的主体应是全面的和系统的。有关规定政府的法律责任的条款相对较少，规定消费者、银行、证券公司、销售商等其他相关主体的法律责任的条款几乎是空白。由于转型是整体性的，不仅私人机构需要根本性地改变其行为模式，而且政府、个人等其他主体也需要改变其行为模式；在私人机构中，不仅直接的污染源主体需要改变其行为模式，投资者、销售商等相关主体也需要改变其行为模式。这种以污染源主体为核心的、其他主体法律责任条款薄弱甚至空白的法律责任结构与生态文明建设所要求的整体性和体系性的模式转型是不相适应的。生态环境保

护责任的承担主体应当包括政府组织、非政府组织等其他组织和个体。

（二）生态环境保护执法手段单一

生态环境保护执法手段是生态环境保护执法机构贯彻执行生态环境保护法律、法规，针对生态环境保护执法相对人所采取的各种方法、手段和措施。生态环境保护执法具体采用什么样的执法方式是由生态环境保护执法的内容决定的，并为履行生态环境保护执法的内容服务。我国生态环境保护一直主要依靠行政手段，行政手段是国家凭借行政权力，通过颁布行政命令，制定政策、措施等形式，进行宏观调控或干预的方式或方法。然而过多依靠行政手段进行生态环境保护，这种状况与我国市场经济发展的要求不相适应，难免会造成评价指标单一化等问题。针对这一现状问题，2019年的全国生态环境保护会议提出，要发挥好经济手段的作用改善生态环境，经济手段强调是国家运用经济政策和计划，通过对经济利益的调整来影响生态环境保护的措施。财政政策和货币政策是国家在宏观调控中最常用的经济手段。国家还可以通过制定和实施经济发展规划、计划等，对经济活动参与者进行引导，以实现国民经济的持续快速健康发展。在生态环境保护过程中，财政资金、债券、基金现在都在运作，企业投入、政府资助等经济手段的逐步运用，将不断提高我国生态环境保护执法手段的多样性。

三、生态环境保护执法监督机制有待完善

狭义上，生态环境保护执法监督，即生态环境保护执法部门内部上下级之间或专门机关的监督，这属于“权力—权力”的监督模式；广义上，生态环境保护执法监督还包括社会监督，常见形式有民众监督、媒体监督等，这属于“权利—权力”的监督模式。生态环境关系社会公共利益，生态环境保护执法社会监督具有正当性，完善社会监督机制也是法治国家的重要特征。因此，行政监督主导模式应向多元化主体监督模式转变。行政监督与社会监督相辅相成，社会监督是行政监督的有益补充，而完善政府环境信息公开制度是社会监督的必然要求。有监督才能够保障执法活动的公开、公正、透明地进行，才能够保证法治目的的实现。目前我国生态环境保护执法监督还存在一定的问题。

首先，从监督方式上来看，科学的行之有效的监督体系应该是事前监督、事中监督以及事后监督相结合，互相配合，形成一个完整的监督链条，贯穿于执法活动的全过程。我国目前的生态环境监督机制中，事前、事中、事后监督尚未建立起完善的机制，三种监督机制的协调运作有待提高。

其次，监督主体比较分散。我国生态环境保护执法监督的主体既有同级人民政府法制机构、上级生态环境保护行政主体与生态环境保护行政主体的法制机构或者其他行使监督职权的内设机构，也有媒体监督等。监督主体较多的情况下，会造成监督主体的权力范围、监督方式、监督程序不明确，各个主体之间权力的交叉或者空白，在监督

过程中或者争权夺利或者相互推诿等，不能有效地进行生态环境保护执法的监督。

最后，生态环境保护监督缺乏公众监督。公众监督是生态环境保护执法监督的主导和途径。2015年实施的《环境保护法》明确了公民有参与环境保护监督的权利，同时对违法行为享有举报权，举报者也享有个人信息保密的权利。但是，并没有再进一步详细规定实施办法，缺乏可操作性。相关的法律法规注重对政府监督权的规定和完善，而忽视了对公众监督权的建设，不利于公众行使自身权利，进而也不利于保证生态文明建设的顺利进行[①]。

① 陈一鑫.生态文明法治建设问题研究[D].南宁:广西师范学院,2016.

第二节 我国生态环境保护面临执法困境的原因

"权从法出，依法行政"是法治政府根本的和核心的要求。尽管我国的生态环境保护法律体系已初步形成，但仍然存在立法有空白、规定不明确、规范之间有冲突等不完善之处。所谓"制良法，达善治"，立法上的不完善，是造成生态环境保护职能配置不当、权力运行机制失灵等执法困境的根源性原因。

一、市场竞争机制不完善导致市场主体的生态环境保护意识弱化

在市场经济条件下，市场竞争机制与秩序是市场主体应遵循的基本规则。在市场经济中，竞争能够推动商品经济的发展、调节社会资源的配置并能对生产者、经营者产生激励作用。但竞争机制中存在的重要威胁是不正当竞争行为，即在一部分经营者按规则办事、合法合规经营时，其他经营者为了谋取不正当利益，可能采取与正当竞争机制相违背的行为来谋取不法利益，进而损害社会整体利益和公共利益。在我国市场经济建设过程中，违背市场经济规则的行为时有发

生，其中一个重要原因在于“看不见的手”未发挥应有作用。如对于可能造成生态环境污染的生产企业来说，其作为生产者的主要目标在于实现利润最大化，而利润主要受价格和成本等的影响，生产符合生态环境保护要求的产品、排放符合标准的污染物本身是需要成本的，而该行为会影响企业利润最大化。现阶段市场竞争机制存在的某些方面的缺陷，在一定程度上导致了企业生态环境保护意识的弱化。对于大型企业来说，其可能意识到了环境治理与环境保护意识的重要性，但由于一些不遵守规则、破坏规则者的行为导致这种意识难以实现，从而在经济上难以将生态环境保护法治贯彻下去。市场竞争机制的不完善是导致生态环境保护执法中效率不高、效果不明显的重要原因之一。

二、生态环境保护执法中的公众参与度不高

在生态环境保护执法过程中，公众参与具有至关重要的作用。生态环境问题关系每一个人的切身利益，是公众最关心的问题之一。因此，加强生态环境保护执法不仅应完善公共产品，引导公众的消费行为，还应提高公众参与生态环境保护执法的积极性和有效性。从我国生态环境保护执法现状来看，无论是在公共产品的完善方面，还是在执法参与机制方面都存在一些问题。在公共产品的完善方面存在的问题，比如公共交通系统不够发达等。在公众参与机制方面，虽然建立了公众在环境影响评价方面的参与机制、听证会制度，但收效不大，而且，公众的环境知情权未得到有效保障，公众参与生态环境保护执法的范围不大、缺乏有效执法保障等问题依然突出。

三、生态环境保护执法机制缺乏创新，忽视执法生态化建设

“十三五”规划纲要中，将“加强生态文明建设”作为十大重点工作之一。《生态文明体制改革总体方案》则对生态文明的顶层设计和部署作出了明确规定。生态环境保护执法是生态文明建设的重要环节，影响整个生态环境保护法治的基本成效。生态环境保护执法生态化，是指执法主体在执法过程中更加注重环境利益的保护，在执法理念、执法机构、执法行为、执法手段与执法技术等执法的各个环节都贯彻生态文明思想，遵循生态环保理性的指引。在执法理念上，过去执法机关及其工作人员只注重保障经济、社会秩序，而生态文明建设要求执法机关及其工作人员同时注重保护环境和维护生态平衡。在执法手段与执法技术上也需要适应生态环境保护的需要，改变过去不顾生态环境破坏后果的执法[①]。传统的生态环境保护执法存在诸多不利于生态环境保护目标实现的因素，生态环境保护执法生态化是生态文明建设对生态环境保护执法的机制创新和现实要求。生态环境执法保护生态化的核心内涵可以从如下几个方面理解。

（一）执法理念和执法目标的生态化

目前我国正处于急剧变化的社会转型时期，社会转型首先意味着

① 董正爱.全面建设小康社会背景下法律的生态化变革[J].重庆文理学院学报(社会科学版),2011(2):121-126.

政府转型，即政府应进一步转向“生态型政府”。从一般意义而言，生态型政府意味着从中央到地方各级政府都遵循生态环境保护法治，彻底摈弃片面强调经济发展而忽视生态环境保护的执法理念，实现生态环境保护执法生态化，对社会生活方式、消费方式、生产方式以及社会结构和经济结构进行深刻调整或转变，用生态理性、生态文明的理念检视和评判政府行为，将“人—自然—人”的和谐关系作为一切政府行为的终极目标，以生态环境保护优化经济，促进社会整体和谐。同时，将强化政府责任作为落实这一目标最重要的手段，不仅要重视具体生态环境保护执法人员的有关责任，还要将生态环境保护责任落实到政府具体领导岗位，以落实《环境保护法》关于“地方各级人民政府应当对本行政区域的环境质量负责”的规定。需要指出的是，我国生态环境保护法治化过程中，对中央政府生态环境保护责任缺乏足够重视，如2015年实施的《环境保护法》只规定“地方各级人民政府、县级以上人民政府环境保护主管部门和其他负有环境保护监督管理职责的部门有下列行为之一的，对直接负责的主管人员和其他直接责任人员给予记过、记大过或者降级处分；造成严重后果的，给予撤职或者开除处分，其主要负责人应当引咎辞职”（第六十八条），而并未对中央政府的生态环境保护法律责任做出明确规定。这导致各级政府之间生态环境保护责任权利失衡，与生态型政府的法治精神相违背。

（二）执法权配置的生态化

生态环境保护执法权，是指国家生态环境保护行政机关、法律授权或委托的享有生态环境保护职权的组织及其公职人员在行使生态环境保护管理权的过程中，依据法定职权和程序，贯彻实施生态环境与资源保护法律并将法律运用到具体人、具体事的权力。生态环境保护执法权来源于国家治理的需要，它是执法部门对生态环境保护工作行使监督管理权力，也是其应尽的职责。生态环境保护执法权配置的生态化，是指生态环境保护执法机构在机构设置和职责分工时应充分考虑生态环境系统的整体性以及生态环境要素之间的关联性，根据生态环境要素的整体性配置执法机构和权限，而不是先设立执法机构再分配管理权限，否则将导致对整体的生态环境要素分而治之。生态环境保护执法权配置的生态化还要协调好立法权、执法权和司法权之间的关系。每一项权力的行使都会影响另外两项权力的运行空间和状况。

（三）执法方式的生态化

部门协作、区域联动和多元合作是执法生态化在执行方式上的基本要求。生态环境保护具有整体性特征，但是行政区划和公共事务管理职能分工却是社会管理必须采取的措施，这样生态环境保护监管就会分属多个部门。一个自然区域的监管分属多个行政区，这是普遍的现实。因此，生态环境保护执法生态化要求各行政区、各部门在履行其法定职能的时候，甚至在政府进行职能分配的时候应该牢固树立生态理性，将整体性原理、多样性原理、开放性原理以及未来优先原理（环境法中的“预防为主原则”就是这一原理的法学表现）作为生态化思维的基本原理指导生态环境保护执法，使执法体系化和生态化，真正实现生态环境保护执法的部门协作和区域联动。同时，生态思维的开放性原理也要求生态环境执法不仅要向其他有关部门开放、向相邻行政区生态环境保护执法机构开放，还要向社会组织、向公民个人开放，围绕生态保护的目标，在严格依法行政的前提下，灵活运用委托执法、柔性执法、公益诉讼推动执法等多样化的方式加强执法，充分发挥社会组织和个人的能动性、积极性和有关特定生态环境保护领域人才的专业性，协同合作将生态环境保护好，实现生态环境保护执法的价值追求[①]。

① 刘湘溶.生态化思维及其基本原理[J].江苏社会科学,2009(4):232-236.

第三节 我国生态环境保护执法机制的重构与完善

一、完善生态环境保护执法权

（一）推动实行省以下生态环保机构监测监察执法垂直管理制度

世界生态环境保护法治发达国家普遍认为，生态环境保护主要是地方的责任，因为地方主体更加方便贴近地方的生态环境现状，更接近环境本身，更容易了解第一手的生态环境信息，而且也最了解或最方便了解地方社会的生态环境保护需求。因此，我国的生态环境保护应该坚持生态环境质量属地责任，推进地方政府履职尽责，整合和强化生态环境保护执法权，避免阻碍地方生态意愿在环境法治过程中及时有效地反映和实现。我国生态环境保护统一监管能力相对薄弱、各部门生态环境保护监管职能横向分散、上下级生态环境保护部门纵向分离、区域性生态环境保护地区分割，造成了政令不畅，难以发挥整体监管效果。为解决这一问题，我国正在推行省级以下生态环保机构监测监察执法垂直管理制度，既需要“权力整合”，也需要“责任下沉”。要积极推动实行省以下生态环保机构监测监察执法垂直管理制度，当前应明确基层生态环境保护主管部门法人主体地位、生态环境监察机构行政主体资格等，这是落实省以下生态环保机构监测监察执法垂直管理的首要问题。

（二）完善跨行政区域生态环境保护协调机制

2015年实施的《环境保护法》第六十七条规定：如果依法应当给予行政处罚，而有关省级生态环境保护主管部门不给予行政处罚的，上级生态环境保护主管部门可以直接作出行政处罚的决定。这一规定使得国务院生态环境保护主管部门对地方生态环境违法行政处罚权既无行政区划分的障碍，也突破了下级生态环境保护管理权的阻碍。2015年实施的《环境保护法》对上级生态环境保护主管部门可以直接作出行政处罚的决定规定，对于协调跨行政区域生态环境保护无疑起到促进作用。为了进一步落实跨行政区域生态环境保护协调机制，我国在国务院生态环境保护主管部门内设环境监察局，下设区域监察处，负有对跨省区域流域生态环境保护工作的监管职能。目前，我国跨行政区域生态环境保护的法律制度较为完备，其积极意义不容置疑。但是由于地方政府受一定条件限制，2015年实施的《环境保护法》对于协调跨行政区域生态环境保护显得较为抽象，很难真正发挥较大作用。因此，当前首要任务是，要出台有关具体规则并切实发挥新制度的积极作用，在国家生态环境保护主管部门的协调下，促进不同省际政府之间在区域、流域、海陆管理方面达成具有法律效力和可执行性的协议，从而提高跨行政区域生态环境保护的协调一致性。

二、健全政府生态环境质量责任追究机制

采取措施追究政府生态环境质量责任，严格执行生态环境保护目标责任制和考核制度，建立健全政府官员和企业终身生态环境保护责任，才能避免破坏生态环境保护执法，这是生态环境保护执法生态化的关键。

（一）要完善生态环境保护目标责任与考核制度

2015年实施的《环境保护法》第二十六条规定，国家实行环境保护目标责任制和考核评价制度，县级以上人民政府对本级环境保护部门以及下级人民政府及其负责人考核、评价，结果向社会公布；第六十七条规定，上级人民政府及其环境保护主管部门有权针对下级人民政府及其有关部门有关工作人员的违法行为向其任免机关或者监察机关提出处分建议，有权依法越过有关环境保护主管部门而实施行政处罚。这实际上带有一定的“垂直管理”的特征，加强了上级环境保护主管部门对下级政府的制约作用。如果地方政府或其环境保护主管部门为了实现国内生产总值的增长而包庇违法、该责令停业关闭而不作为等，则“直接负责的主管人员”等必须承担行政责任，甚至引咎辞职。但是，这些规定还有待完善。

其一，只追究“直接负责的主管人员和其他直接责任人员”的责任，对可能擅权干扰生态环境保护执法的地方党政负责人的责任没有

明确规定，生态环境保护执法工作人员及其领导可能成为“冤大头”。

其二，有待完善相应的考核评价机制。中共中央办公厅《关于建立促进科学发展的党政领导班子和领导干部考核评价机制的意见》要求突出对人口资源、节能减排、环境保护等约束性指标的考核。党的十八大已经将生态文明建设作为“五位一体”总体部局顶层设计的重要部分，应该相应地将生态文明建设作为“工作实绩”的独立方面，作为党政工作部门领导班子和领导干部以及地方党政领导班子和领导干部考核的重要内容，使相关领导班子和领导干部的生态环境保护目标责任与考核要求能够落到实处，并与日常生态环境保护执法工作形成良性互动。

（二）要建立健全生态环境保护终身责任制度

党的十八届三中全会明确提出，探索编制自然资源资产负债表，对领导干部实行自然资源资产离任审计，建立生态环境损害责任终身追究制。《珠海经济特区生态文明建设促进条例》（2014）、《贵州省生态文明建设促进条例》（2014）等地方立法中涉及的生态环境损害责任终身追究制都是针对领导干部的责任追究。生态环境损害责任终身追究制并不局限于对领导干部追究决策责任，还包括对企业等排污者终身追究责任。对企业和领导干部建立生态环境损害责任终身追究制有利于加快完善生态文明制度体系。尤其是对领导干部进行生态环境保护目标责任与考核，将考核结果与干部的政治利益和经济利益直接联系起来，实行最严格的责任追究制度，即使其升迁或者转任异地甚至退居二线，都不能免除其被追责的风险，也使政府和企业之间的利益关系多了一份巨大的风险，这样政企之间协作节能减排、保护环境、更新技术、调整产业结构将成为可能。

三、严正生态环境保护执法

（一）完善生态环境保护执法体系

由于长期以来我国生态环境保护执法权纵横交错，从中国生态环境资源管理的发展过程中看，生态环境保护机构和部门繁琐臃肿在一定范围内存在。因此，完善生态环境保护执法体系，有必要制定专门的组织法，从横向和纵向两个方面进行权法建设。在横向方面，应建立部门间的制度协调机制。重庆联合执法改革提出的“能力建设”概念，是国际社会认可的部门协调的有效方法，也是我国改革的可行选择。能力建设是指提高管理部门及其他人员切实、高效和连续地做出决定、执行决定和履行职责的能力。在纵向方面，应把决策权和监督权适当上移，执行权适当下移并集中。我国各级生态环境保护机关都享有决策、执行和监督的全部行政权限，这种权限设置必然导致决策、执行不分，监督乏力。因此，中央主管部门应将决策权和监督权从基层生态环境保护机关剥离出来，进行决策权和监督权上移。将决策权和监督权上移可节以约行政资源，同时可提高决策科学性和监督有力性。可以将执行权下移，但下移程度应控制在可以有效监督范围内。执行权的下移必须有度，不可完全由基层主管部门行使。

（二）要建立互动的生态环境保护执法机制

环境污染和生态破坏的制度根源是市场失灵，这是制度经济学的经典结论。环境资源的利用和开发具有外部性，行为人享有其活动的利益，而不利后果由全社会承担。由于交易费用的存在，市场失灵是无法克服的，但政府失灵在理论上则是可以最大限度避免的。在资源破坏方面，政府管制仍应发挥主导作用。同时，市场调节和政府管制并非相互排斥。在某些具体方面，市场可发挥作用，如明确自然资源产权；在污染防治方面，也可运用市场手段，如排污交易制度。当然，这些市场也需要管制，但可在一定程度上减少政府管制成本，从而避免管制失灵。因此，除了需要建立政府管制和市场调节的互动机制外，还需要引入公众参与和政府管制的互动机制。由于生态环境利益的分散性，不特定个人或群体的利益很可能得不到应有保护。总之，生态环境管理目标的充分实现需要建立政府管制、市场调节和公众参与的良性互动机制，其中以行政执法为主导，市场调节为补充，公众参与为辅助。

过去我们在处理人与自然关系的过程中，常常奉行“单边主义”，将人的利益置于至高无上的地位，所谓自然利益则常常作为一种口号，而很少真正体现在具体的法律或行为中，即使将生态环境的保护建设写入部分法律或文件中，也往往成为一纸空文，更不用说体现在法律精神中、内化为人的行为，其根源在于对自然利益的重视不够，追求短期利益，而忽视长期利益。因此，要坚持自然正义，要将生态和自然看作法律关系中的一员。对自然界的不正义是违背法律精神的，其对社会的危害很大。在生态环境保护法律体系建设中，则要将自然正义作为法律正义的一部分，强调自然正义的重要地位。

要正确处理经济利益与生态环境利益的关系。长期以来，经济利益一直是人类的基本利益之一，一定程度上也是人类最重要的利益，但人们在追求经济利益、实现经济效益最大化的过程中却忽视了生态环境利益，以致造成生态环境问题。在生态环境保护执法体系的建设过程中，不仅要注重满足人类基本需求和实现人类效益最大化的经济利益，还要注重生态环境利益，将经济利益的实现建立在生态环境利益的基础之上，而不是将二者对立起来，更不能坚持先实现经济利益再考虑生态环境利益。要实现二者的统筹协调，关键在于经济利益对生态环境利益的影响最小化，将其控制在可承受范围和可消除范围内。

对于生态环境保护相关法律的认同，除加强相关法律的宣传，以提高公众对相关法律的认识外，还需要通过各种各样的法律实践，使公众认可生态环境保护建设相关法律，进而在法律情感上认同生态文明建设相关法律。在增强法律情感认同的同时，要努力将利益认同与法律认同结合起来。公众在满足其基本利益的同时，对生态环境权益的认同就成为其维护生态环境保护法律认同的逻辑起点。只有公众对法律的广泛认同，才能树立起法律的权威性，从而依法保护生态环境和自然资源。

要将价值认同融入生态环境保护执法认同中来，以实现对生态环境保护执法体系的价值一致性。在生态环境保护执法体系建设中，公众对法律的认同往往以生态环境利益认同为基础，以理性的价值认同为核心，从而实现价值与利益的统一，共同构建生态环境保护的立法基础。因此，要不断增强公民的节约意识、环保意识、生态意识，形成合理消费的社会风尚，营造爱护生态环境的良好风气。这有助于增进公民对生态环境保护执法体系的认同。

亚里士多德在《政治学》中指出，法律应在任何方面受到尊重而保持至上的权威，执法人员和公民团体只应在法律通则所不及的“个别”事例上有所抉择，两者都不应该侵犯法律。虽然依靠国家权力制定的法律具有强制性，但依照法治精神制定的法律只有根植本土，达到公众的法律认同，才能有效地贯彻执行，仅仅依靠国家强制力来推行法治，是很难达到理想效果的。因此，要建立完整的、行之有效的生态环境保护执法体系，需在借鉴西方国家先进经验的基础上，重点立足我国生态环境现状，找准问题之所在，努力增加生态环境保护法律制度的普适性，才能为执法、司法提供良好依据，也为公众、社会组织守法打下坚实基础。只有将生态环境保护融入公众及社会组织的法律认同中，形成良好的守法局面，才能为生态环境保护提供动力和源泉。

四、加强生态环境保护执法队伍建设

（一）提高生态环境保护执法主体自身的生态文明意识

提高我国生态环境保护执法的效率和效果，首要问题在于，要提高生态环境保护执法主体及其执法人员的生态文明意识。首先，生态环境保护执法主体要将生态文明建设、生态文明水平的提高作为执法工作的起点和落脚点，努力树立起生态文明意识。其次，各级政府及其职责部门，包括生态环境保护执法主体应加强学习和宣传，使全体人员树立起生态文明意识，认识到生态文明建设在社会发展中的重要作用，将生态文明意识的培养作为生态环境保护执法人员培训的重要内容。再次，各级生态环境保护执法主体应从技术上、执法手段上贯彻生态文明意识，如建立和推广绿色核算体系，在政绩考核和评价中引入生态文明建设指标，从而真正树立起生态文明意识。最后，生态环境保护执法主体不仅应在执法实践中严格执法，还应引导社会公众树立生态文明意识。因为对环境行政执法主体来说，执法只是针对个别生态环境污染及破坏行为，而对于大众性的生态环境破坏行为不能仅依靠传统执法手段，而要从宣传教育、政策引导方面来解决问题，但最终则应使全社会树立起生态文明意识。这就要求政府应将生态文明建设纳入国民教育体系，利用多种途径培养社会公众的生态文明意识。

（二）抓好生态环境保护执法人员的录用和考核工作

首先，在生态环境保护执法人员的招聘与选拔中要严格程序和标准，确保进入执法系统的人员能够满足生态环境保护执法本身的要求。同时，对录用人员应建立严格的考核制度。其次，应加强对生态环境保护执法人员的生态文明意识教育和业务培训，提高执法人员的生态文明意识和业务能力，优化执法人员的知识结构，增强执法人员的法律意识，提高执法人员的专业水准，以打造一支生态文明意识强、专业能力强的生态环境保护执法队伍。最后，加强对生态环境保护执法人员的监督，落实责任，完善责任追究制度。

为了防止执法人员在生态环境保护执法工作中不作为，以及以权谋私、懈怠执法行为的发生，应从以下三个方面完善责任追究制度：

第一，应严格实行重大生态环境决策终身负责制。对于每一项重大生态环境决策，都要从立项、研究、审批等环节建立完整的档案并永久保存。对于该重大生态环境决策在执行中及执行后造成重大环境污染或破坏的，应严格追究决策人的责任。第二，生态环境决策过程中可能不仅涉及最终决策者的责任，还涉及部分决策参与者的责任，如调查人员、出具生态环境影响评估报告的中介组织人员等。这些人员在重大环境决策中往往充当比较重要的角色，因此，在建立和追究终身责任的同时，这些人员的责任应一并予以追究。第三，应扩展责任追究形式。2015年实施的《环境保护法》明确了对生态环境保护执法主体的责任追究形式主要有两种，即行政法律责任和刑事法律责任。但由于环保工作日益繁重，除了这两种责任追究形式外，还应确立对行政执法者的民事法律责任追究，从而能够多举措、多形式地对生态环境保护违法者进行问责。

（三）充分授权生态环境保护执法主体，强化执法力度

以日本为例，第二次世界大战后，由于日本对经济的过度追求造成了巨大的环境污染，然而经过近几十年的生态环境治理，日本的生态环境得到了很大的改善，基本上摆脱了恶劣的生态环境问题。日本生态环境改善的主要原因在于其执法机构执法的严格性、手段的有效性以及执法机构执法权限的独立性。在生态环境保护执法过程中，日本政府、企业、公民之间相互监督、相互制约，从而使执法工作得以有效开展和独立进行。而我国法律对生态环境执法主体的授权不足，执法主体执法手段不充分，在生态环境保护执法过程中行政相对人没有强制执行权，生态环境保护执法主体在执法过程中只有罚款的权力

而没有关闭权和停业权。生态环境保护执法主体在执法工作中缺乏足够的行政处罚权，从而不能及时有效地处罚生态环境违法行为，也不能体现生态环境保护执法的权威性。因此，应对生态环境保护执法部门赋予更多的执法权，从而保障其执法的权威性和有效性。

（四）推进公众参与生态环境保护执法工作

首先，应建立公众知情权的有效保障机制，公众知情权包括对生态环境保护事项本身的知情权和对生态环境保护执法过程及结果的知情权。作为公众参与生态环境保护的首要权利，信息公开机制是促进公众理性、积极参与生态环境保护的前提和基础，没有信息的共享和公开，公众参与只能流于形式，公众也无法以真正的理性和热情参与其中。现实生活中，生态环境群体性事件中既有群众切实维权的案例，也有“不明真相”的群众盲目参与其中，而后者是无法提出真正合理而具有建设性的诉求或建议的。因此，政府部门必须积极建立信息公开机制，推动信息向公众进行及时和充分公开；另一方面，政府应完善并监督生态环境政执法相对人的信息公开制度，不但要保障公众获取该类信息的途径，而且要采取措施保障公开信息的合理性、真实性，切实保障公众对环境信息的知情权。

其次，要扩大公众参与生态环境保护执法的范围。根据生态环境保护执法的执法阶段不同，生态环境保护执法的公众参与范围可分为事前参与、事中参与和事后参与三个阶段。事前参与是指公众参与其项可能对生态环境造成较大影响的项目，从而从源头上控制对生态环境的破坏行为。因此，除涉及保密事项外，凡是应当编制环境影响评价报告、评价书和评价表的项目，均应在作出决策之前，向社会公布，听取公众的意见或向社会听证。事中参与是指公众对已经开始建设的项目进行监督的方式。事中监督的内容主要有：经批准的生态环境影响评价文件批复中提出的生态环境保护措施落实情况和公开情况，项目施工期生态环境监理和生态环境监测开展情况，竣工生态环境保护验收和排污许可证的实施情况，生态环境法律法规的遵守情况和生态环境保护部门做出的行政处罚决定落实情况等。公众的事后参与是指公众根据生态环境主管部门公示的有关各个企业的生态环境保护信息对生态环境保护状况不同的企业所生产的产品进行选择的行为。事后参与一方面包括公众对环境破坏者的监督与控告，另一方面包括公众本身选择有利于生态环境保护执法工作的生活方式，从而减少了对可能造成生态环境污染与破坏者的产品的需求等，进而强化环境行政执法的效果。

最后，应建立健全公众参与生态环境保护执法的保障措施，包括法律保障和物质保障。法律保障是指公众参与生态环境保护执法的相关法律制度的制定与完善，包括建立健全公众参与生态环境保护执法的程序机制、事后监督机制、知情权及参与权受到侵害时的救济机制等。法律保障是保障措施的主体。物质保障主要包括完善公众参与生态环境保护执法的硬件设施、必要的便利条件，以及对于积极参与者的补贴与物质奖励机制。在诸多监督手段中不仅要立竿见影地解决生态环境问题，确保生态环境保护执法主体的生态责任落在实处，还要加强对生态环境保护执法主体的监督。同时，重视科学技术，提高生态环境各方面执法工作的科技含量。法律保障应强化生态环境保护执法的救济措施，建立健全行政申诉制度、行政复议制度、行政诉讼制度、行政补偿制度和行政赔偿制度，以保护行政相对人的合法权力，这也有利于对生态环境保护执法者形成监督机制。

第四章 我国生态环境保护司法机制研究

生态环境保护司法是指审判机关通过司法活动，打击生态环境犯罪、解决生态环境纠纷、保障生态环境法律法规得以实施的一系列活动。生态环境保护司法在生态环境保护中有着不同于其他监管措施的独特功能。为了加强生态环境保护司法监管能力，我国各地人民法院进行了积极改革，陆续成立了各种形式的专门处理生态环境纠纷案件的审判组织（以下简称“环保法庭”）。然而就在各界对环保法庭解决生态环境纠纷、保护生态环境寄以重望时，各环保法庭却存在一个较为普遍的问题——生态环境纠纷数量的不断增加与环保法庭受理案例的量不相对称。据不完全统计，1998年以来，我国每年的环境污染纠纷以超过20%的速度增长。根据国家生态环境保护部门的统计，2005年，全国生态环境投诉上访案件超过40万件，且每年以30%的速度递增。事实证明，单纯的环保法庭的设立并不能很好地起到加强生态环境保护司法功能的作用。生态环境保护司法是一项巨大的工程，而环保法庭的设立只相当于为这项工程的开工建设引进了效能更高的新型机械，该机械的正常运转需要适合的操作环境、规则和流程。生态环境保护司法的专门化是大势所趋。传统诉讼制度对生态环境保护司法存在诸多内生性障碍，需要构建与生态环境案件特点相适应的专门生态环境诉讼制度来推进生态环境的司法保护。

第一节　我国生态环境保护司法的主要成就

我国20世纪70年代至90年代的生态环境保护法治建设，主要是以生态环境行政管理、生态环境执法为主，司法机关和生态环境保护司法在生态环境保护法治建设中的作用很小或不够明显，这就导致已经制定的生态环境保护法律法规虽然很多，但得到有效实施特别是人民法院适用的不多。从2000年开始，我国社会的一个重大变化，是生态文明建设的酝酿和兴起。从2012年党的十八大召开，到2017年党的十九大召开，我国的生态文明建设逐渐进入全面发展的时期。与此相适应，生态环境保护司法的作用和贡献日益增强，我国的生态环境保护法治建设开始进入以生态文明和生态环境保护司法专门化为标志的新阶段[①]。概括起来，我国生态环境保护司法的新进展主要体现在如下几个方面。

一、生态环境保护司法全面加强

2014年6月23日，最高人民法院发布了《关于全面加强环境资源

① 蔡守秋.当代环境司法的新进展[J].人民法治，2018(4)：16-23.

审判工作为推进生态文明建设提供有力司法保障的意见》，就全面加强人民法院生态环境案件审判工作提出了指导意见和要求，并作出了具体部署和安排。这一举措是为了深入贯彻党的十八大报告和《中共中央关于全面深化改革若干重大问题的决定》，充分发挥人民法院审判职能作用，以及为推进生态文明建设提供有力的司法保障。全面加强生态环境保护司法是推进生态文明建设、回应人民群众对生态环境保护司法新期待、维护人民群众生态环境权益、促进和保障生态环境保护法治化的必然要求。

（一）生态环境保护行政司法日益完善

生态环境保护行政审判在合理开发利用自然资源、预防环境污染和生态破坏方面的重要作用逐步显现，并受到各级人民法院的重视。司法机关坚持监督和保障并重，加强生态环境行政审判工作，督促行政机关依法及时履行监管职责，依法查处污染、破坏生态环境的违法行为，促进了我国生态环境监督管理制度的建立和健全。2016年3月，最高人民法院发布10起生态环境保护行政典型案例；2017年6月，最高人民法院发布2起环境资源行政典型案例。这些典型案例体现了人民法院充分发挥行政审判职能，既依法监督、及时纠正行政机关的不作为和违法作为，又督促环境保护行政主管部门依法履行职责，引导行政相对人遵守生态环境保护法律法规。

（二）生态环境保护民事司法职能逐步发挥

2016年7月，最高人民法院发布10起矿业权民事纠纷典型案例；

2017年4月，最高人民法院发布4起环境资源民事典型案例。这些数据说明各级人民法院坚持损害者担责、全面赔偿原则，充分发挥环境资源民事审判职能，依法保障公民人身权、财产权及各项生态环境权益，追究污染环境、破坏生态资源行为人的民事责任，促进生态环境修复改善和自然资源合理开发利用。

（三）生态环境保护刑事司法不断成熟

2016年12月、2017年4月，最高人民法院先后发布包括腾格里沙漠污染系列刑事案件在内的11起环境资源刑事典型案例。各级人民法院依据刑法有关污染环境罪等环境资源犯罪的规定，坚持罪刑法定原则，全面贯彻宽严相济以及惩治、教育和预防相结合的刑事政策，充分发挥环境资源刑事审判职能，全面加强环境资源刑事审判工作，依法打击和惩处污染环境、破坏生态等犯罪行为，有力地保障了国家自然资源和生态环境安全。同时，人民法院在探索审理省级政府提起的生态环境损害赔偿诉讼案件、环境公益诉讼案件，构建环境多元治理体系等方面，也取得了重要进展。

二、进一步推进生态环境保护司法专门化

我国生态环境保护司法近10余年来的一个重大进展是生态环境保护司法专门化的逐步兴起和有序推进。所谓生态环境保护司法专门化是指国家或地方设置专门的环境司法组织，以及在现有的司法系统内部设置专门的生态环境保护司法组织，对生态环境案件进行专门或专

项的侦察、起诉、立案、审理、执行的机制、制度及活动的总称。自2014年7月最高人民法院设立专门的环境资源审判庭以来，全国法院系统相继逐步构建起环境资源专门化审判体系，在长期摸索和实践过程中已经取得丰硕的生态环境保护司法专门化成果。其中，环境资源司法专门化的主要特点和发展趋势主要表现在以下几个方面：

（一）逐步设立生态环境保护司法专门机构：环保法庭

环保法庭是生态环境保护司法专门机构，包括环境保护法庭、自然资源法庭、生态法庭等。环保法庭的设立和健康发展是生态环境保护司法专门化的组织保障，通过这些专门机构的逐步完善和积极带动，全国人民法院审结了大批环境资源刑事、民事案件和环境公益诉讼案件。同时，可喜的是，随着环保法庭等专门的司法机构的兴起，生态环境保护律师事务所和生态环境保护律师队伍迅速成长起来，生态环境保护司法专门化服务得了到加强。我国环保法庭经历了较长时间的发展，早在20世纪90年代已有萌芽，但是直到2007年11月成立的贵州省清镇市人民法院环保法庭才是比较正式的生态环境保护专门法庭。2014年4月，贵州省新组建的生态环境保护执法司法专门机构集体亮相：贵州省高级人民法院生态环境保护审判庭、贵州省人民检察院生态环境保护检察处、贵州省公安厅生态环境安全保卫总队正式挂牌，在省域范围内从组织形式上实现了生态环境保护刑事司法的专门化。据不完全统计，截至2017年4月，全国各级人民法院共设立环境资源审判庭、合议庭和巡回法庭956个。全国有18个高级人民法院、149个中级人民法院和128个基层人民法院设立了专门环境资源审判庭[①]。

（二）生态环境案件专业化审理逐步健全

我国生态环境保护司法专门化的重要体现是专业化生态环境案件审判制度和专门化审判机制，专业化生态环境案件审判制度的关键和主要标志表现在生态环境案件专业化审理方面。目前，我国的生态环境案件审判主要面对环境和生态资源两类案件，跨越刑事、民事、行政三大诉讼门类，点多面广，类型多元，数量众多。最高人民法院继2016年实行生态环境案件民事、行政案件由一个审判团队审理的“二合一”的专业化审理模式后，2017年开始在第三巡回法庭探索实行生态环境案件刑事、民事、行政案件的“三合一”专业化审理模式。地方各级人民法院相继进行生态环境案件的专业化审理模式探索。例如，在已经设立专门的环保法庭的高级人民法院中，贵州、河南、青海等地高级人民法院实行民事、行政案件“二合一”专业化审理模式；福建、江苏、河北、重庆、海南、四川、新疆等地高级人民法院实行“三合一”专业化审理模式。同时，最高人民法院着力推进京津冀、三江源、长江流域等重点区域生态环境案件集中管辖制度改革。2016年3月，最高人民法院发布《关于为长江经济带发展提供司法服务和保障的意见》，要求充分利用海事法院跨行政区划管辖的优势，探索建立长江流域水资源生态环境公益诉讼集中管辖制度。2016年9月，最高人民法院组织召开京津冀法院环境资源审判工作联席会议，三地法院签署《环境资源审判协作框架协议》，成立协作领导小组，加大京津冀生态环境保护司法保障力度。

① 蔡守秋.当代环境司法的新进展[J].人民法治,2018(4):16-23.

各级人民法院针对跨行政区划的环境污染、生态破坏案件，大力推进环境资源案件管辖制度改革，积极探索生态环境案件集中管辖模式。贵州、江苏、湖北、广东、河北、青海、新疆、北京、海南等地法院，已经对污染环境或者破坏生态、损害后果跨行政区划以及生态环境公益诉讼等其他类型的生态环境民事案件实行跨行政区划集中管辖。上海、河南、甘肃、海南等地高级人民法院，在结合本地生态区环境资源特点，探索实行辖区内生态环境案件跨区划、跨流域集中管辖方面，已经取得成效。在构建生态环境案件的协同审判机制方面，我国已经初步形成协同审判机制，生态环境保护司法的整体合力开始发挥作用。

按照最高人民法院《关于充分发挥审判职能作用为推进生态文明建设与绿色发展提供司法服务和保障的意见》(2016年)，各级人民法院根据生态环境保护利用的现实需要和当地的案件特点，科学界定各审判业务部门审理生态环境案件的职责分工，妥当确定生态环境案件专门审判机构的职责范围，充分发挥其专门化研究、协调和指导作用，积极探索构建刑事、民事、行政审判和立案、执行等业务部门既分工负责又紧密配合的协同审判工作机制。人民法院大力加强生态环境案件立案、审判和执行机构之间，刑事、民事和行政三大审判之间的相互配合，正在逐步发挥生态环境保护司法的积极作用①。

（三）生态环境公益诉讼不断开拓进取

2017年修正的《民事诉讼法》《行政诉讼法》以及2015年实施的《环境保护法》等法律已经对开展生态环境民事公益诉讼和生态环境

① 蔡守秋.当代环境司法的新进展[J].人民法治，2018(4)：16-23.

行政公益诉讼做了明确规定。2015年发布的《最高人民法院关于审理环境民事公益诉讼案件适用法律若干问题的解释》《检察机关提起公益诉讼改革试点方案》《人民检察院提起公益诉讼试点工作实施办法》，2016年发布的《人民法院审理人民检察院提起公益诉讼案件试点工作实施办法》以及2018年发布的《最高人民法院最高人民检察院关于检察公益诉讼案件适用法律若干问题的解释》等文件，对推进生态环境公益诉讼作出了具体规定和法律解释。我国生态环境公益诉讼近年来的异军突起和开拓创新，成为生态环境保护司法专门化的一大亮点和特点。目前，贵州、江苏、湖北、广东、河北、青海、新疆、北京、海南等地法院，已经对污染环境或者破坏生态、损害后果跨行政区划以及生态环境公益诉讼等其他类型的生态环境民事案件实行跨行政区划集中管辖。

据统计，从2015年1月至2016年12月31日，全国各级人民法院共受理社会组织和试点地区检察机关提起的生态环境公益诉讼一审案件189件，审结73件，受理二审案件11件，全部审结。其中，生态环境民事公益诉讼一审案件137件，生态环境行政公益诉讼一审案件51件，行政附带民事公益诉讼一审案件1件。检察机关自2015年7月开展生态环境公益诉讼试点工作以来，截至2017年6月，各试点地区检察机关共办理生态环境公益诉讼案件9053件，其中诉前程序案件7903件、提起诉讼案件1150件。提起诉讼案件中，民事公益诉讼94件、行政公益诉讼1029件、行政公益附带民事公益诉讼2件、刑事附带民事公益诉讼25件。2017年3月，最高人民法院发布了10起环境公益诉讼典型案例。这些数据和成绩都有力地说明了我国环境公益诉讼的强大生命力和发展趋势①。

① 蔡守秋．当代环境司法的新进展[J]．人民法治，2018(4)：16-23.

第二节　我国生态环境保护司法的主要不足

在生态环境保护法治建设当中，生态环境保护司法有着重要的地位，起到了将法律条文应用到实际案例当中的作用。国家利用一系列的司法程序使涉及的相关案例得到公正的裁决，维护了国家的形象，也维护了社会的稳定。在新时代，对生态环境保护司法建设具有更高的要求。

我国生态环境保护司法始于20世纪70年代末，我们清醒地认识到目前的生态环境保护司法在取得一定成绩的同时仍存在诸多不足，在生态环境保护司法中独裁审判，司法保护化、地方化的现象依然存在。生态环境保护司法建设的难题不仅是由于生态环境保护法治本身的复杂性造成的，还有其他两方面的。一方面是我国在很长的时间内始终都是将生态环境保护立法放在关键位置，生态环境保护司法收到的关注相对较少。直到相关的立法、释法以及司法体制改革开始时情况才发生了变化，我们国家的生态环境保护司法不再只是拥有实然性，同时也拥有了实效性。另一方面是我国生态环境保护司法体系有待完善。因此，分析我国生态环境保护司法的不足与弊端，是加强与改进我国生态环境保护司法的当务之急。

一、生态环境保护司法公平与科学性有待加强

我国生态环境保护司法通过多种途径进行，如生态环境纠纷民事案件的审判、生态环境纠纷行政案件的审判、生态环境犯罪刑事案件的审判、生态环境非诉讼行政案件的执行等。然而，目前我国生态环境保护法院的设立及管辖不明确、生态环境非诉讼行政案件执行不力等主要问题的存在，使得生态环境保护司法不够公正、生态环境保护司法公信力不足。我国对生态环境案件的审理可分为民事诉讼、刑事诉讼和行政诉讼等多种基本独立审判系统，这种独立审判系统的形成有利于提高人民法院对于生态环境案件的审理水平，有利于生态环境问题专业化工作的开展。2014 年 7 月 3 日，环境资源审判庭在最高人民法院宣布成立，这不仅体现了最高司法机关实践国家生态文明专业化的决心，也标志着我国生态环境审判工作走向专业化的道路。但是目前环保法庭的管辖权未在法律中明确规定，法院处理生态环境案件的合法性同样存在争议。对于经常出现的跨市、跨省生态环境案件涉及公安、检查等多部口协同合作的，环保法庭管辖权不明确、案件审判难度大，致使司法成本较高，最终出现立案难、审理难的问题。

在生态环境保护司法体系中，我国生态环境非诉讼行政案件执行难的问题长期存在。我国生态环境保护执法部门对行政相对人实施强制执行，必须由法院依法作出强制执行措施。但由于人民法院的司法执行与行政机关对于强制执行的合作未能形成有效衔接，人民法院权职执行效果差强人意。这主要是由于生态环境保护司法的公信力不足，公众对司法机关行使司法权的过程缺乏信任和认同，对裁判过程

和裁判结果没有充分信赖、尊重。这种司法公信力在生态环境领域表现更为突出，生态环境案件立案难、取证难、胜诉难、执行难等问题普遍存在。

此外，为解决刑事、民事、行政三大审判机构相互分离的机制在解决生态环境纠纷方面存在一定的不足甚至弊端，2002年4月辽宁省沈阳市东陵区人民法院成立了环境保护法庭，2007年贵州省贵阳市中级人民法院成立了生态环境保护审判庭，2014年最高人民法院决定设立专门的环境资源审判庭，至此，环保法庭由基层到最高人民法院相继在全国多省份成立。但是各地环保法庭成立后，均面临一个共同的问题，即生态环境纠纷数量的不断增加与环保法庭受理案例的量不相对称。为扩宽生态环境纠纷的救济处理机制，现行《民事诉讼法》和2015年实施的《环境保护法》对生态环境公益诉讼均进行了改善，扩大了诉讼主体，降低了诉讼成本，简化了诉讼程序，但是2015年新的《环境保护法》实施后，我国生态环境公益诉讼并没有出现预想中的井喷式激增，这与实践中大量的生态环境侵权现状不相适应，由此也折射出目前的生态环境保护的司法体制仍待修缮。

二、环保法庭面临的问题

生态环境诉讼是一项内容十分广泛、种类繁多的诉讼，目前学界并未对“生态环境诉讼”进行统一的界定。从适用诉讼法律的不同上看，可以把生态环境诉讼分为生态环境刑事诉讼、生态环境民事诉讼和生态环境行政诉讼。从保护的法益上看，可以把生态环境诉讼分为生态环境私益诉讼和生态环境公益诉讼。尽管生态环境诉讼类型的范围和内容广泛，但是，在我国现阶段相对其他案件却并未有太多的生态环境案件起诉到人民法院。即便是在当前生态环境保护司法专门化高速发展的形势下，一些省（自治区、直辖市）人民法院系统的专门环保法庭仍然面临着“门前冷落鞍马稀”的窘态。

环保法庭相对于普通法庭来说，具有针对性、专业性等特点，能够提供更全面的司法手段，有利于生态环境问题公正、科学、高效的解决，是专门审理生态环境案件的法庭。我国在进行生态环境保护司法实践过程中，经过长时间的司法实践暴露了许多问题。

首先，生态环境公益诉讼原告资格受限制。2015年实施的《环境保护法》对于生态环境公益诉讼的主体进行了严格的限制，包括依法在设区的市级以上人民政府民政部门登记的，专门从事生态环境保护公益活动连续五年以上且信誉良好的社会组织，能向人民法院提起生态环境公益诉讼。按照此规定，能够提起生态环境公益诉讼的主体不仅具有较强的专业性，要求起诉主体对生态环境的问题比较熟悉，而且要具有一定诉讼能力以及比较好的社会公信力，或者说是专门从事生态环境保护工作，要致力于公益性的活动，不牟取经济利益的社会组织，才可以提起公益诉讼。根据2017年实施的《民事诉讼法》第五十五条的规定:“对污染环境、侵害众多消费者合法权益等损害社会公共利益的行为，法律规定的机关和有关组织可以向人民法院提起诉讼。”该条规定只把法律规定的有关机关与组织列为生态环境公益诉讼的原告主体，排除了个人，范围过于狭窄且具有很大的模糊性。因而在实践中很难起到环境公益诉讼的应有的效果。环境保护法庭的生态环境公益诉讼原告范围标准严格限制，导致某些环境保护法庭缺乏稳定、足够的案源，不能获得长足、稳定的发展。

其次，生态环境诉讼普遍存在举证较为困难、诉讼成本高的问题。生态环境案件一般涉及范围广，具有隐蔽性和复杂性，往往需要专业人士通过技术手段提取证据、固定证据，而直接受到损害的公众往往没有这种专业素养。另外，生态环境诉讼涉及范围广、调查时间长、程序复杂，往往还涉及高昂的诉讼费用，这使得诉讼参与者望而却步，进而影响到环保法庭的发展。

最后，环保法庭作为专门化的环境资源审判机构已在全国大多数地区如火如荼地开展起来，然而，环保法庭的人员配备是影响其发挥作用的一个非常重要的因素。国内生态环境案件日益增多，案情越来越复杂、专业化，对审判专业性的要求也越来越迫切。然而，从目前全国各地的环保法庭审判人员的组成来看，大多法庭或多或少存在审判人员配备不完善、生态环境专业领域人员匮乏等情况。一些法院存在专业人员不够，面临生态环境诉讼时无法及时高效处理的问题。如果一个已经进入司法程序的案件，最终却因为缺乏专业的审判队伍而无法得到有效而公正的审理，将严重打击公众及环保组织维权的热情和信心。因此，生态环境保护司法专门化的有效开展离不开专业人员的配备。涉及生态环境诉讼的法官不仅应该具有相关的法学专业素养，还应该具有生态环境相关知识背景，审判人员素质和专业化程度在很大程度上影响案件的审理。鉴于以上现状，我国目前基层人民法院的法官数量和质量要想达到专业的水平仍然需要一定时间的发展①。

三、生态环境公益诉讼制度有待完善

公益诉讼是相对于个人的私益诉讼而言的，是指为了维护社会利

① 洪燕娜.论我国环保法庭的困境及其化解路径[D].南昌:东华理工大学,2018.

益、国家利益，由法人、自然人、其他组织作为诉讼人向人民法院所提起的诉讼。生态环境公益诉讼主要指的是生态环境保护方面的公共利益出现了直接或者间接的损害，或者出现了实际的危险，而社会组织、国家机关等为了维护生态环境的公共利益，依照相应的法律法规向人民法院提起诉讼的诉讼活动。生态环境公益诉讼是一项先进的司法制度，我国2015年实施的《环境保护法》对此也有所规定，但是仍然存在一些问题。

（一）生态环境公益诉讼的原告资格范围较窄

起诉资格的关键是有法可依。我国现行法律将生态环境公益诉讼的适格主体规定为符合条件的社会组织。2015年实施的《环境保护法》第五十八条规定，依法在设区的市级以上人民政府民政部门登记，专门从事环境保护公益活动连续五年以上且无违法记录的社会组织依法享有生态环境公益诉讼的主体资格。检察机关在全国人大会议决定下成为试点主体。在生态环境公益诉讼实践中，法定的适格组织多集中在发达地区或者大中城市，边远地区及中小城市则存在空白。数据显示，发生在中小城市的生态环境公益诉讼案件多是全国或者北京的公益组织跨区域提起的。在生态环境问题泛化、快速向农村转移的今天，这必然导致生态环境公益诉讼的应对反映迟缓或者盲区，不能满足全面实现生态环境保护的需要。公众是生态环境问题的直接感受者、资源破坏的直接受害者，与生态环境侵权行为在事实上、法律上都存在明显的直接利害关系。生态环境问题产生的后果最终会被公众及后代人所承受，是对当代人及后代人的生态环境剥削侵害，而公众却无法直接维护自身的合法权益。公众被排除在生态环境公益诉讼适格主体的范围外，不仅与环境法中的公众参与原则背道而驰，也为公众通过诉讼的手段来维护自身利益设置了屏障，降低了生态环境公益诉讼制度在维护人民合法权益方面的有效性。

从2015年实施的《环境保护法》第五十八条规定可以看出，该条款对于可以提起生态环境公益诉讼的主体仍然进行了较多的限制，确定了社会组织这一主体，而未提公民、行政机关等。在涉及检察机关提起生态环境公益诉讼的问题时，2015年7月第十二届全国人大常委会第十五次会议通过的《关于授权最高人民检察院在部分地区开展公益诉讼试点工作的决定》，只是在我国少部分地区进行试点工作，还没有得到推广。这些情况都使得生态环境公益诉讼的起诉受到限制。现行生态环境公益诉讼制度将环境公益诉讼的适格主体，以列举式的方式限定为社会团体、民办非企业单位以及基金会等，并且对这些主体提起生态环境公益诉讼设置了准入门槛：专业从事生态环境保护公益活动、连续运行五年以上、在地市级人民政府民政部门登记等。只有符合这些条件的组织，才能对环境污染、生态损害或社会公共利益的损害提起生态环境公益诉讼。对生态环境公益诉讼资格的限制制约了生态环境公益诉讼制度的发展。据统计，2015年1月至2016年12月31日，全国法院共受理社会组织和试点地区检察机关提起的189件生态环境公益诉讼一审案件中，有112件是由相关生态环境保护公益社会组织提起的。而且生态环境公益诉讼的分布不均匀，案件的提起主要集中在10余家生态环境保护公益组织。最高人民检察院为了更好地解决适格主体范围狭窄的问题，开展了检察机关提起生态环境公益诉讼的试点工作，试点工作进行得很顺利。检察机关在全国范围内提起的生态环境公益诉讼案件，许多具有典型的示范效果，真正实现了对生态环境的保护。

生态环境公益诉讼被限定为由符合条件的公益组织及检察机关来提起，这无疑可以有效地保证生态环境公益诉讼的专业性和有效性，但也出现了与生态环境事件多发时期不对应的反差。2015年新的《环境保护法》实施以来，生态环境公益诉讼案件在地理范围上主要集中在江苏、贵州、福建、山东等地区，这与我国社会经济发展及生态环境问题分布状况等并未完全吻合，从生态环境保护的合力氛围形成以及实效上看并不理想。生态环境公益诉讼制度在生态环境保护工作进程中发挥着不可替代的作用，但其运行过程中遇到的系列问题反映了其制度设计本身的局限性及保障机制的不完善。

（二）生态环境公益诉讼资金支持不足

诉讼行为必然会产生诉讼费用，即便是公益诉讼也会有相应的调查取证等相关费用的产生。生态环境损害的潜伏性、公害性等特点，把生态环境公益诉讼的成本推向一个“峰值”。在现行的诉讼费用缴纳机制下，生态环境案件的诉讼主体要想提起诉讼，首先就得垫付数额不菲的鉴定费、诉讼费和律师费等必要费用。在生态环境公益诉讼实践中，虽有几起典型案件经原告向法院申请缓交了诉讼费，但是现行制度上还没有为生态环境公益诉讼提供资金支持的依据，凭生态环境保护公益组织自行解决或者垫付诉讼经费，很多生态环保组织只能望而却步。此外，诉讼完结后诉讼费用主要由败诉方来承担，这个过程中就隐含着一定的诉讼风险，若原告因资金限制而无法调取充足的证据会面临很大的败诉风险，其后更是要承担巨额的诉讼费用。从经济学角度来看，这是一项收益为零的活动。这是生态环境公益诉讼发展缓慢的原因之一。巨额诉讼成本是生态环境公益诉讼过程中无法回避的问题，不从制度上解决生态环境公益诉讼原告的成本分摊问题，无以负载的巨额诉讼成本，则会枯竭生态环境公益诉讼的动力，成为生态环境公益诉讼原告提起诉讼所面临的无法逾越的鸿沟。

（三）检察机关提起环境行政公益诉讼缺失

根据《人民法院审理人民检察院提起公益诉讼案试点工作实施办法》（以下简称《法院审理办法》）第十五条的规定，人民检察院提起的第一审行政公益诉讼案件由最初作出行政行为的行政机关所在地基层人民法院管辖。行政诉讼中存在的问题是人民法院在审理和执行中受到行政机关的影响，无法独立审判和最终执行判决。就目前的生态环境行政公益诉讼实践来看，基层人民法院很难独立地、不受影响地审理生态环境行政公益诉讼案件[①]。生态环境行政公益诉讼中的举证责任一直是学界争议的问题，《法院审理办法》也没有对举证责任作出专门规定来回应争议。对于《法院审理办法》中没有规定的程序问题，应该适用《中华人民共和国行政诉讼法》的一般规定，所以还是应该由被告行政机关来承担举证责任。反对的学者认为，生态环境行政公益诉讼应该遵循“谁主张、谁举证”的民事举证规则，因为检察机关在收集证据方面拥有先进的侦查技术与丰富的经验，人力、财力和技术上均强于普通的行政诉讼原告，将原有为照顾处于弱势地位的行政诉讼原告而实行的举证责任倒置适用于检察机关是不合理的[②]。

① 王甜.论检察机关提起环境行政公益诉讼制度的完善路径[J].河北青年管理干部学院学报,2018(6):81-83.

② 李晓玲.行政公益诉讼举证责任分配的具体规则[J].苏州大学学报,2008(3):41-42.

举证责任分配问题主要来自理论争议，并没有突出的实践矛盾。虽然检察机关确实相对于一般行政诉讼原告在技术和经验上有优势，但是就生态环境保护问题而言，不管是专业技术的利用、法律适用的举证还是证据获得难易程度，专门处理生态环境问题的行政机关还是保持着绝对优势。

（四）法律条款规定原则性强，缺乏可操作性

生态环境公益诉讼制度的提出需要一系列的规章、办法、实施细则来保证实施，而2015年实施的《环境保护法》只对主体进行了规定，没有继续对如何提起诉讼、诉讼管辖、诉讼费的收取与承担、举证责任、诉讼执行等问题进行规定，使得在司法实践中仍然需要查询其他相关的法律条文进行操作。我国生态环境公益诉讼的过程中经常出现的问题主要体现在三个方面：第一个方面主要是举证责任。依据《民事诉讼法》有关“谁主张、谁举证”的相关规定，在生态环境公益诉讼中原告一方往往处于被动地位。例如，在诸多环境污染案件中，原告要证明污染情况和受侵害程度，这些都需要专业的设备和专业的技术人员。生态环境公益诉讼中的一些社会组织通常没有强大的物质保障，因此导致在诉讼过程中出现举证困难的情况，从而在诉讼中败诉。第二个方面主要是诉讼时效。依据2015年实施的《环境保护法》的规定，提起环境损害赔偿诉讼的时效期间为三年，所以生态环境公益诉讼的诉讼时效应该是三年。但是由于生态环境公益诉讼涉及的生态环境损害行为，大都具有损害时间较长、影响范围较广、涉案标的金额较大的特点，因此，三年的时间不符合生态环境公益诉讼案件的特点要求，无法满足对公众合法权益的保护。第三个方面主要是

法院禁止令的适用。禁止令是指法院下达的禁止当事人实施某种行为的指令，也指由法官签发的令状，主要是禁止被告为一定的行为，是禁令救济的具体体现。在生态环境诉讼的过程中，原告方可以向法院提出相应的申请，经过法院调查确认，法院如果认为被告的行为存在着对生态环境产生持续性损害的情况，便会对被告发放停闭的禁止令。由于生态环境损害污染案件性质比较特殊，生态环境损害行为一般持续时间较长，造成的危害十分久远。因此，有必要对生态环境损害行为防患于未然，若出现危害或者危害一直持续才开始发放相应的禁止令，可能会产生无法挽回的损失。鉴于此，应该根据生态环境公益诉讼实际的案例进行具体分析，并且对禁止令进行特殊规定，发挥禁止令应有的作用[①]。

① 蔡砚．环境公益诉讼基本问题研究［J］．法制博览，2018，（10）：249.

第三节　我国生态环境保护司法机制的重构与完善

法律在调整生态环境保护领域未呈现令人期待的结果，存在各方面的原因。我国的生态环境保护立法只有短短40余年的时间，实践经验较匮乏，因此生态环境保护立法存在问题是必然的。但是法律的生命力在于实施，深入剖析可以发现更为重要的原因是法律在实施过程中存在的问题，即生态环境保护司法不力影响了生态环境保护法律在社会生活中发挥应有的积极作用。在生态环境保护方面，长期以来我国实行的是行政处罚为主、司法保护为辅的制度。但通过行政手段制裁环境违法行为，暴露出行政执法手段较软、处罚数额较低，从而造成企业违法成本低、行政执法成本高、环境损失社会负担等怪象。在现实生活中，生态环境侵权人往往承担较小的违法成本，却屡屡获得高额的利润回报，而社会却付出沉重的代价，生态环境遭受重创。

目前，仅靠行政处罚、罚款等手段已不能满足生态环境保护的要求，以司法手段加强生态环境保护迫在眉睫，必须进行生态环境保护司法改革，充分发挥生态环境保护司法在促进生态环境保护法治建设、推动和保障生态文明建设方面不可或缺的作用。生态环境保护司法改革是我国司法改革的重要组成部分，所涉及的方面众多，如生态环境保护司法理念、生态环境保护司法理论、生态环境保护司法体制、生态环境保护司法制度、生态环境保护司法运行和生态环境保护司法文化等。其中有些问题属于司法改革的共性问题，可置于整个司法改革全局中考虑和解决；有些问题则属于生态环境司法改革的个性问题，应当作为我国司法改革的特殊性问题加以考察和解决[①]。

一、加强生态环境保护执法与司法的接轨

（一）推动发挥生态环境司法在生态环境保护中的有效作用

生态环境损害受害人较之致害人，往往是处于弱势地位的居民。一般来说，受害人自行与致害人协商解决生态环境纠纷通常无果，而通过生态环境保护行政救济手段解决，双方又难以达成一致。因此，求助生态环境保护司法救济者日益增多。我国司法机关具有服务于经济社会发展、生态文明建设及社会稳定的基本职能。人民法院不得拒绝环境案件的受理，首先是因为这是我国“司法为民”思想的要求。法律本身起源于纠纷，司法则起源于解决纠纷。现代社会，人民法院是纠纷解决的专门机构。人民法院拒绝生态环境案件的受理，有背司法的初衷，也不符合我国司法的基本要求。其次，法院在法律范围内不得借任何理由拒绝案件受理，这是西方国家司法理念的重要内容是要求。此理念明确体现了司法为民的精神和司法作为最后防线的功能。我国的生态环境保护司法当秉承这一理念，充分发挥司法在生态

① 孙佑海．推进生态文明建设的法治思维和法治方式研究［J］．重庆大学学报（社会科学版），2013（5）：40-44.

环境保护中不可替代的作用，向生态环境污染受害者提供积极的司法救济，使其利益得到有效保护，减少群体性生态环境事件的发生。完善生态环境案件的受理制度要求人民法院对于以认真负责的态度，仔细了解案情，及时受理案件，以保护受害人的合法生态环境权益。尤其对那些社会影响面大、社会关注度高的生态环境案件，更应及时受理，不得拒之门外。对于个别似乎“受理无据”的案件，人民法院应该从保护生态环境损害受害人的角度出发，以提出司法建议等方式，为纠纷当事人找到合理解决的办法。不可借法律无规定为由，对此类案件一推了之。完善人民法院不对生态环境案件的受理，这在当今尤为重要，这是生态环境保护司法建设的首要任务，直接影响到生态文明建设的大局[①]。

生态环境保护司法经由正式权力和非正式权力的推动、建构，成了生态环境保护法治体系和生态文明建设的重要组成部分，这是理解生态环境保护司法积极发展的重要前提。但将视线转向地方和基层时会发现，生态环境保护司法的实践效果并不理想，生态环境保护司法机关自身的边缘化、司法体制机制的制约与激励不足，都在一定程度上限制了生态环境保护司法的效能发挥。加之生态环境保护司法与社会的互动衔接不畅也影响了生态环境保护司法的实施效果。这些都是导致生态环境保护司法效能有限的原因。由此，首先有必要继续思考如何提升生态环境保护司法效能，依托正式权力，完善生态环境司法的各项制度建设，提供合法、规范的制度资源；同时，强化非正式权力的作用，通过推广典型案例等形式，让生态环境保护司法公平正义理念深入社会，让更多当事人选择法治化的路径去维权。其次，要优化地方践行生态环境保护法治的环境，调整完善现有的干部考核机

① 王树义.论生态文明建设与环境司法改革[J].中国法学,2014(3):59-60.

制，同时，在法院内部的考核机制上，重视生态环境保护司法机关的特殊性，削弱“数字化”考核指标的比重。最后，更加有效和全面地宣传生态环境公益诉讼的启动方式，将生态环境保护司法打造成为更加便民和有效的维权方式，方便受害群体实现司法求助，从而实现“上下合力”的顺畅运行。

（二）加强司法保护与行政保护的有效衔接

生态环境司法保护与行政保护不能有效连接，是导致生态环境保护司法缺失的一个重要原因。生态坏境保护行政主管部门是生态环境保护的主要行政管理机关，公关机关、人民检察院、人民法院等是生态环境保护的主要司法机关。首先，地方生态环境保护部门要加强行政执法力度，加强与公安机关、人民检察院、人民法院的联系。应积极加强生态环境司法保护与行政保护的业务接轨，争取主动出击，鼓励公众举报，主动巡查，发现问题及时处置。其次，生态环境保护行政机关与司法机关可以联合执法。例如，针对那些危害重大的生态环境污染案件，生态环境保护部门与公安机关应当同时介入，及时收集固定证据，及时鉴定评估，及时认定违法犯罪行为。对违法者予以行政处罚，构成犯罪的，依法追究刑事责任。再次，人民法院受理生态环境案件之后，人民法院的环境保护审判法庭、刑事审判法庭、民事审判法庭和行政审判法庭要积极进行协作分工，各尽其职，实现一体化的工作模式，以便及时有效地打击各种污染、破坏生态环境自然资源的违法犯罪行为。最后，要针对江河湖泊流域、国家自然生态保护区周围的企业法人、相关组织适时举办生态环境保护培训班，邀请生态环境保护专家、法官、检察官等专业人士讲课，强调生态文明建设的重要性和必要性，剖析生态环境保护方面的经典案例，提高他们遵守生态环境保护法律法规、爱护生态环境的自觉性。对于那些放任、纵容污染、破坏生态环境自然资源的地方官员，决不能姑息迁就，要依法追究其渎职犯罪的刑事责任，同时发出司法建议，建议干部人事部门给于其党纪政纪处分。

（三）加强司法程序与行政程序的有效衔接

生态环境自然资源受到侵害，可以请求有关生态环境保护行政机关对侵权人进行行政处罚，对违法者实施制裁。但是根据我国生态环境保护等相关法律规定，行政处罚并不是生态环境保护司法所必须的前置程序。破坏生态环境构成环境刑事犯罪的，公安机关、人民检察院应当通过刑事诉讼程序向人民法院直接起诉。加强生态环境保护案件的司法程序与行政程序的有效衔接表现为以下几个方面：

其一，对生态环境行政诉讼进行司法审查，即针对生态环境保护行政机关不作为或者乱作为提起的行政诉讼，判令行政机关依法履行环境保护职责（作为）或是驳回原告诉讼请求。无论支持还是驳回，都代表了司法机关监督和审查行政机关是否依法行政的司法审查结论，这是行政程序与司法程序的对接。

其二，根据行政执法主动、审判机关司法相对被动的特点，建立信息网络平台，找准连接点，清除环境保护中的盲点和空白，构建生态环境自然资源保护系统。

其三，加强司法机关和有关行政机关的衔接，保持打击生态环境污染违法犯罪的高压态势。一方面，各级人民法院与公安机关、检察机关和其他行政执法机关在依法各司其职的同时，密切配合并加强沟通协调，对有关侵犯生态环境自然资源的刑事案件依法及时侦查、起诉、审判，实现良好的法律效果和社会效果。另一方面，人民法院在民事、行政生态环境案件审理过程中发现涉嫌生态环境刑事犯罪的，依法及时将犯罪线索或涉嫌犯罪内容移送公安机关侦查处理。

其四，对于政府生态环境保护部门等行政部门在查处侵犯生态环境权的案件中，认为涉嫌污染破坏生态环境自然资源构成犯罪的，要及时移送公安机关、司法机关处理。行政机关认为犯罪嫌疑人涉嫌侵犯生态环境权构成犯罪的，应当对已经收集到的有关犯罪证据加以固定和保全，及时移送公安机关、司法机关处理。行政机关移送公安机关、司法机关处理的案件要办理移交登记手续。案件经司法机关审查后，认为构成犯罪的，依法追究刑事责任。

其五，要完善跨部门的执法协调机制，建立跨地区的案件移送、信息通报、配合调查等工作机制。完善拓展信息服务、案件督办、数据统计、状况评价、检测预警工作平台的功能，实现执法协调机构、行政执法部门和公安机关、司法机关工作的有机衔接。生态环境保护司法的各项审判工作（刑事、民事、行政诉讼）如果认真开展到位，势必能够及时有效地打击或制裁生态破坏、环境污染的违法犯罪行为，为建设美丽中国保驾护航①。

二、探索和完善生态环境保护司法专门化路径

生态环境案件的特点要求生态环境保护司法必须专门化。目前中国环保法庭的设立已经基本解决了生态环境案件“到哪里诉”的问

① 况继明.推进生态文明建设的环境司法保障[J].学术探索,2013(12):51-55.

题，生态环境保护司法专门化的当务之急是解决“怎么诉”的问题，即生态环境保护司法专门化需要行之有效的特殊诉讼规则支撑。在“司法先行、立法跟进”的立法模式下，生态环境保护司法应强化探知主义诉讼模式、更新审判模式，在确立举证责任有限倒置原则和推行环保禁令的基础上，将生态环境私益诉讼和生态环境公益诉讼有序衔接。自2015年第一次全国法院环境资源审判工作会议提出着力推进生态环境审判专门化要求以来，生态环境审判机构、生态环境审判机制、生态环境审判程序、生态环境审判理论和生态环境审判团队“五位一体”的生态环境保护司法专门化发展迅速，展现出强大的生命力。生态环境保护司法专门化建设要紧紧围绕生态环境案件的特点，不断完善和创新[①]。

（一）生态环境保护司法专门化的必要性

生态环境保护司法专门化是对“司法专门化”的限定，目的是突出司法对象的特殊化或诉讼标的的非一般化。生态环境保护司法专门化应当构建独特的诉讼机制，至少应包括诉讼主体特定化、审判机构专门化、诉讼程序规则特殊化。其中审判机构作为诉讼规则的载体是可视的硬件架构，是生态环境保护司法专门化的机构支撑；具体的生态环境诉讼规则作为司法专门化之本体建设，构成了生态环境保护司法专门化的规则支撑；而生态环境案件侵犯生态环境利益的特殊性决定了诉讼主体及适用规则的特殊性，即离不开生态环境公益诉讼制度理论的完善和实践支持，它构成了生态环境保护司法专门化的制度支

① 吕忠梅，张忠民．环境司法专门化与环境案件类型化的现状[J]．中国应用法学，2017(6)：87.

撑。这种研究体系和诉讼法的“到哪里诉以及诉什么”“谁来诉及诉谁”“怎么诉”的逻辑架构是一致的。

关于生态环境保护司法专门化的必要性问题，很多学者认为生态环境保护司法专门化符合生态环境案件发展态势的客观要求，在契合生态环境保护法治的同时可以弥补生态环境保护执法和监管的不足。生态环境保护司法专门化的确有上述优势，但这并不是生态环境保护司法专门化最重要的原因，生态环境保护司法之所以要专门化是由生态环境案件的特点决定的。生态环境作为人类生存的物质载体，为人类提供各种物质产品和生态产品。资源开发利用通过“减法”破坏了生态，而污染排放行为通过“加法”污染了环境，环境污染、生态破坏达到一定程度就会对人类的身体和财产造成损害，这就是生态环境侵害的一般路径。生态环境侵害具有长期性、风险不确定性、损害不可计量性和随时扩大性、跨区域性、与科学紧密相连性、因果关系难以判断等特点①。这些特点可综合表述为生态环境案件的复杂性，它既决定了生态环境保护司法必须由既懂法律又懂生态环境技术的专业人员完成，又决定了生态环境纠纷可能是民事纠纷，也可能是刑事纠纷或行政纠纷，更有可能是其中两者的结合抑或三者的结合。传统三大诉讼法的分离导致民事法庭、刑事法庭、行政法庭分离，而其中的任何一个法庭都无法彻底解决生态环境纠纷。但生态环境保护司法专门化的机构——环保法庭可以克服上述缺点。此外，生态环境纠纷侵犯的不仅仅是生态环境私益，还有生态环境公益，而传统的司法救济机制均以私人权益保护为核心，这种司法机制缺乏对环境公益的保护，只有生态环境保护司法专门化才能兼顾生态环境公益和生态环境

① 张宝.环境司法专门化的建构路径[J].郑州大学学报(哲学社会科学版),2014(6):50-54.

私益的保护。生态环境案件的复杂性决定了它需要特殊的制度和规则支撑，这是生态环境保护司法专门化的应有之义。

（二）构建生态环境诉讼程序特殊规则

生态环境破坏案件的特殊性决定了针对生态环境案件急需制定特殊规则，目前生态环境诉讼的诉讼模式、审理模式和举证责任等特殊规则尚未建立，因此有必要构建生态环境诉讼程序特殊规则。

1.在生态环境诉讼中，发挥人民法院和法官的能动性

众所周知，生态环境案件具有复杂性、潜伏性、因果关系多样性等特点，这决定了要对传统的当事人诉讼模式进行修正。当事人主义诉讼模式主要体现在当事人的处分权上，应该在压缩、限制当事人的处分权的同时扩张人民法院职权。限制当事人的处分权主要体现在：第一，由于多数生态环境案件都或多或少地侵犯了生态环境公益，所以原告不能随意放弃诉讼请求、撤诉、与被告和解①。第二，为了充分调动原告尤其是生态环境公益诉讼中原告提起诉讼的积极性，有必要限制被告反诉。这一点在2015年公布的《最高人民法院关于审理环境民事公益诉讼案件适用法律若干问题的解释》中也有体现。

在限制当事人的处分权的同时扩张人民法院的职权，主要体现在：第一，赋予人民法院在生态环境诉讼中较大的调查取证权，其调查范围不限于当事人的申请和《最高人民法院关于民事诉讼证据的若

① 肖建国，黄忠顺．环境公益诉讼基本问题研究［J］．法律适用，2014（4）：8-14．

干规定》的约束，同时法院需要对双方自认的事实进行审查[①]。第二，赋予法官更充分的释明权。当法官认为原告提出的诉讼请求不足以弥补损害时，可以向原告释明变更诉讼请求。第三，裁判文书的判决主文部分可以突破原告的诉讼请求，即人民法院可以超判但不能漏判，当事人不能仅以人民法院超判为由提起上诉或申请再审。当然，人民法院和法官在生态环境案件审理及判决上显现出的能动性并不代表司法背离了“被动且中立”的本质，这种能动性是符合生态环境案件的各种属性的。

2. 创新生态环境案件的审理模式

审理模式是指为迅速高效地保护生态环境利益，将涉及环境污染、生态破坏的环境民事、刑事、行政案件甚至非诉案件都交由环保法庭集中管辖的立体审理模式。如前所述，由于生态环境案件具有复杂性、潜伏性、因果关系多样性等特点，传统三审分离的审理模式难以有效解决此类案件，生态环境保护司法专门化要求对这种传统审理模式进行改革，而三大诉讼法证据规则和审理制度的相似性，为“三审合一”或“四审合一”提供了可能。在生态环境保护司法实践中，生态环境诉讼之所以选择“三审合一”或“四审合一”或的审理模式是基于环保法庭受案范围来确定的。重庆市高级人民法院《关于试点设立专门审判庭集中审理刑事、民事、行政环境保护案件的意见》（2011）、江苏省高级人民法院《关于为加快推进生态省建设全面提升生态文明水平提供司法保障的意见》（2011）及江苏省高级人民法院《关于在全省部分法院开展环境保护案件集中化审判试点工作的通知》

① 肖建国.民事公益诉讼模式选择与程序建构的建议[N].法制日报，2014-02-12(12).

(2012)等规范性文件对“三审合一”审理模式做出了制度性支持。然而，从地方环保法庭对生态环境案件的审理情况来看，不管是“三审合一”还是“四审合一”，都只是将过去分散在各个审判庭的环境民事、刑事、行政案件集中到环保法庭集中审理，而在案件审理程序上仍沿用传统三大诉讼法的规定，与在传统审判庭审理案件并无实质区别。

由于生态环境刑事案件和生态环境民事、行政案件在起诉、受理、案件审理、举证责任分配等方面难以统一，所以，应将生态环境刑事案件暂时排除在环保法庭的受案范围之外，生态环境保护司法专门化下的生态环境案件审理模式应是“二审合一”模式。而实质的“二审合一”模式，一方面是指将涉及环境污染、生态破坏的生态环境资源类民事、行政案件放在环保法庭集中审理，另一方面是指针对生态环境民事、行事交叉案件选择特有的诉讼程序对诉讼中所涉及的民事权、行政权进行双重审查，这是生态环境案件审理模式的根本所在①。因此，为了高效审理生态环境民事、行事交叉案件，最有效的方法是将生态环境实际侵权人和环境主管部门作为共同被告起诉到人民法院。人民法院需要对互相联系、不可分割的生态环境民事诉讼和行政诉讼一并审查、一并解决。如果采取对两侵权人分别诉讼的办法，无论先起诉生态环境实际侵权人还是先起诉生态环境主管部门，都会带来诉讼的尴尬和低效。因为生态环境民事纠纷的处理往往以同类行政案件的处理结果为前提，而行政诉讼仅对行政行为的合法性进行审查，这对生态环境民事纠纷的处理是远远不够的。具体来说，法院在对生态环境实际侵权人的侵权行为进行审查的同时，还要对生态环境行政机关的行政行为（包括不作为）进行审查，特别是对其行政

① 杨凯.“三审合一”审判模式建构中的问题与对策[N].人民法院报,2014-09-17(8).

行为和生态环境利益损害之间是否存在因果关系进行重点审查。另外，行政行为与生态环境实际侵权人的侵权行为的关联性也要予以考虑。如果行政机关存在违法积极作为，应判决其撤销违法具体行政行为；对于行政主体的行政不作为，人民法院则需判令生态环境行政机关作出具体行政行为，同时写明对具体行政行为的具体要求，如履行监管、制止排污、治理排污等职责。

3.确立生态环境案件举证责任有限倒置原则

举证责任被认为是“诉讼法的脊梁”，其重要性可见一斑。德国学者罗森贝克在《证明责任论》中提出的“法律要件分类说”是目前举证责任理论的通说，其中“谁主张、谁举证”原则成为诉讼法上的普通举证责任分配原则或举证责任正置原则。随着社会的发展和特殊侵权行为的增加，现代型诉讼日益增多，为了确保双方平等的诉讼地位进而实现司法公正，主张举证责任倒置的观点成为主流。就生态环境侵权行为和生态环境诉讼而言，由于生态环境侵权行为的特质性和生态环境诉讼的复杂性，在综合诉讼当事人双方的取证能力后，立法界和学术界都在承认生态环境侵权为特殊侵权的基础上认可了举证责任倒置的观点。比如《中华人民共和国侵权责任法》第六十六条对被告的举证责任作了明确的规定：因污染环境发生纠纷，污染者应当就法律规定的不承担责任或者减轻责任的情形及其行为与损害之间不存在因果关系承担举证责任。即被告对存在法定免责事由及行为和结果没有因果关系负举证责任。然而，此种诉讼原告对哪些要件事实承担举证责任并不明确。当然，举证责任倒置并不是原告就主张的事实全部不承担举证责任，其倒置的只是一部分举证责任，这是“举证责任有限倒置原则”的含义之一[①]。

在生态环境诉讼中，原告要对侵权行为和结果承担举证责任，但对生态环境侵权案件中的因果关系原告是否要承担一定的举证责任呢？司法界对此观点不一。比如，最高人民法院在平湖蝌蚪案中明确原告对环境污染类侵权行为和结果的因果关系不负任何举证责任。又如，在曾某诉贵阳双辉钢铁公司等水污染责任纠纷案中，一审法院和二审法院对这一问题观点截然不同。一审法院认为《中华人民共和国侵权责任法》第六十六条并没有排除原告对因果关系的初步举证责任，也就是说原告对侵权行为和结果的基本联系负有举证责任，且只有在履行这一责任后，推定因果关系成立，被告对侵权行为和结果之间不存在因果关系后才负有举证责任，其观点被称为“因果关系推定论”。二审法院的观点与平湖蝌蚪案中最高人民法院的观点一致，即“因果关系倒置论”[②]。上述哪种观点更合理呢？在举证责任分配原则上，美国学者认为不应该有统一的规则，其影响因素有很多，如政策、证据距离远近、盖然性、经验和常识等[③]。影响举证责任分配最重要的因素是当事人举证能力的强弱，具体表现为当事人经验的多少、距离证据的远近，我们往往会把较多的举证责任分配给举证能力强的当事人，以实现司法公平之目的。就生态环境案件的因果关系证明而言，要根据双方当事人的举证能力分配举证责任，如果生态环境诉讼的原告是私主体（如生态环境私益诉讼或公民提起的生态环境公

① 吴勇.论环保法庭的举证责任分配规则[J].环境保护，2014(16)：22-25.

② 张宝.论环境侵权案件中的举证责任分配——以贵阳市水污染责任纠纷案为例[J].环境保护，2013(14)：64-66.

③ 刘赋.中美环境诉讼中的管辖与证明问题差异性分析[J].现代商业，2014(29)：269-270.

益诉讼），其举证能力与被告（无论是侵权企业还是行政机关）相比较弱，应采取“因果关系倒置”的分配原则。如果原告是人民检察院或生态环境保护职能部门，原告、被告的举证能力基本持平，甚至原告基于国家公权力的保证，其举证能力更强，则因果关系的证明责任应由原告承担，因为在双方当事人举证能力持平时，证明一个要件的存在比证明一个要件的不存在要容易得多。如果诉讼原告是环保组织，其举证能力较公民强一些，但与被告相比还是不能持平，加之国家政策对环保组织提起生态环境公益诉讼的支持，在这一问题上应采取“因果关系推定”原则，即环保组织需提供侵权行为和侵权结果之间存在因果关系的初步证据。

4. 推行生态环境保护禁令制度

一般地，生态环境一旦被污染和破坏就难以恢复，随着时间的推移、污染破坏行为的升级，其对人类的影响会迅速扩大。因此，要将环境污染、生态破坏的恶果遏制在形成之初或将其破坏性限制在最小的范围内。但这一目标的达成仅靠生态环境诉讼后法院的最终判决是远远不够的，因为生态环境诉讼需要漫长的时间，在这段时间内，不加遏制的生态环境侵权行为造成的影响是无法挽回的。因此，我们需要在生态环境诉讼中推行生态环境保护禁止令制度。生态环境保护禁止令，是指在提起生态环境诉讼前或诉讼过程中，为避免更大损失的出现，当事人申请或人民法院依职权发出的要求生态环境侵权人停止侵害的令状，包括诉前环保禁令和诉中环保禁令。2015年实施的《环境保护法》及关于生态环境诉讼的司法解释中对此制度并没有十分明确的规定，但有些地方在探索生态环境保护司法专门化的进程和生态环境公益诉讼中，通过相关文件对环保禁令制度作了规定，如“昆明模式”就是其中的代表[①]。

三、进一步推进我国生态环境公益诉讼制度

新的《环境保护法》自2015年实施以来，生态环境公益诉讼在生态环境保护过程中的积极作用显而易见。生态环境公益诉讼制度正成为我国环境保护的有效司法路径。生态环境公益诉讼案件是一种特殊的生态环境侵权案件，其损害赔偿的方式有别于普通民事、刑事案件的规定。但是环境污染行为破坏性大、潜伏期长、影响范围广等特点使环境损害赔偿范围的界定成为生态环境侵权案件的首要难题。我国现行生态环境保护法律没有对这一特殊的侵害行为作出针对性的损害赔偿范围界定，也没有明示具体的赔偿补偿方法，而是模糊地规定为类民事侵权赔偿损害的范围。民事侵权行为损害赔偿方式虽发展较为完善，规定较为细致，但生态环境保护法的公法属性导致其无法有效适用私法的相关界定。由于生态环境侵权案件的特殊性，生态环境公益诉讼需要就受害人的损失、环境损害乃至生态影响和代际影响等逐一进行大量的数据监测、鉴定分析、专家论证等取证、鉴定、精算工作。生态环境公益诉讼案件面临的一系列问题导致全面推进生态环境公益诉讼制度仍然步履维艰。

（一）拓宽适格生态环境公益诉讼主体范围

依照我国相关法律规定，在生态环境公益诉讼中有资格成为原告

① 李义凤.论环境公益诉讼中的“诉前禁令”[J].河南社会科学,2013(6):16-18.

的主要为相关的组织以及法律所规定的机关。这样简单的规定造成生态环境保护司法实践中生态环境公益诉讼操作性比较弱，很难对人们的生态环境权益进行维护。因此，应该有效明确其原告的范围，在生态环境公益诉讼过程中，应该对原告资格的相关情况进行明确。

首先，授予公民个人生态环境诉讼的主体资格，是大力推进生态环境保护工作的需要，也是确保公民基本人权的体现。就生态环境保护司法实践而言，公民是生态环境污染直接的受害人员。如果河流被污染便会对河流岸边的公民生活产生直接的侵害，这样的公民便是最先发现环境出现破坏情况的当事人。如果没有赋予公民原告的资格，便会造成公民向环保公益组织进行求助的时候，出现诉讼较为迟缓的情况，没有办法及时保护公民所拥有的环境权益[①]。

其次，加强有关环保公益组织的法律规定。环保公益组织是根据相应的法律规章制度经过登记所成立的团体组织，其目标是保护生态环境，维护生态环境的平衡。现阶段，我国存在很多这样的环保公益组织，它们主要是监督政府的行为，也能够在纠纷出现的时候，在诉讼过程中变成原告，维护社会的公共生态环境利益。它和公民比较，具备更强的财力。“随着环保组织的作用越来越凸显，需要对环保组织的成立和登记创造更加健全和宽松的法律环境，取消一些不合理的准入条件，赋予其更多的独立自主性，有必要在法律层面对我们的环保组织进行系统规定，使我国环保组织的行为更加正规化和合法化，可以在借鉴西方发达国家相关经验的基础上专门立法，制定我国的民间组织类法律法规。”[②]

最后，检察机关在生态环境公益诉讼中的原告资格需要明确。目

① 康忠芳，何志春．环境公益诉讼完善探析[J]．社科纵横，2006(5)：95-98.

② 郭珺．我国环境公益诉讼进路探析[J]．环境保护，2015(2)：61.

前，在生态环境保护司法实践中已经出现了检察机关提起公益诉讼的探索。然而，我国宪法、《人民检察院组织法》《刑事诉讼法》等法律规定了检察机关的主要职能，但并没有明确检察机关是否参与生态环境公益诉讼。在检察机关是否具有生态环境诉讼原告资格的问题上，国内学界和实务界争议较大。近年来，随着生态环境公益损害行为的频繁发生，环境与社会、经济发展之间的矛盾日益尖锐。无论是个人还是社会组织，在生态环境公益诉讼中力量相对薄弱，无法与有经济实力的企业相抗衡。在此形势下，迫切需要权威机构，以维护社会公共的生态环境权益，并针对违约责任人的行为提起生态环境公益诉讼，以充分维护公众的生态环境权益。基于当前严峻的环境问题，赋予检察机关生态环境公益诉权，是新形势下保护生态环境利益的迫切需求，是极为必要的举措。可以允许检察机关作为原告参与生态环境公益诉讼，而不仅仅以法律监督者的身份出现。然而，无论从宪法的角度来看还是从比较法的角度来看，检察机关参与生态环境公益诉讼必须受到限制，作为原告，应当以补充者的身份参与，即在其他适格主体都未能及时进行诉讼的情况下，提起公益诉讼。

（二）健全生态环境公益诉讼保障程序

生态环境损害赔偿范围的界定及案件执行一直是生态环境保护司法实践中的难题。在生态环境侵权案件频发的情势下，首先，要出台司法解释明确赔偿范围、量化赔偿标准，特别是加强对生态环境本身损害赔偿的考量，加强生态环境功能恢复责任适用等方面的细化规则，破解生态环境案件的法律适用难题，健全生态环境公益诉讼的制度保障。通过司法解释明确在人民法院立案后主动调取证据、直接启动鉴定程序、诉讼采取保全措施等程序，改变传统诉讼方式，由人民法院主导推进案件审理，强制推进案件进程。其次，建立案发地生态环境保护部门对生态环境公益诉讼案件的司法协助制度，规定其生态环境数据提供、生态环境责任落实监督等方面的义务；建立生态环境公益诉讼案件判决生效后的强制执行程序，确保生态环境公益诉讼案件的执行，搭建生态环境公益诉讼最后一道防线；变革生态环境公益诉讼费用负担机制。高额的诉讼费用以及公益组织的非营利性都降低了现行适格主体提起生态环境诉讼的积极性。参照发达国家相关制度的建设经验，我国生态环境公益诉讼的诉讼费用应作适当变革：凡涉及原告承担的生态环境公益诉讼案件诉讼费用一律缓交；在案件审理过程中，由被告先行垫付调查取证、鉴定评估等相关费用，在生态环境公益诉讼案件审结后，由人民法院判令生态环境污染的实际损害方承担全部诉讼费用以及相关的律师费用；生态环境保护部门建立生态环境公益诉讼基金，在生态环境公益诉讼案件败诉或和解时，对原告进行适度补偿，最大限度地保障生态环境公益组织提起诉讼的积极性。再次，政府应给予对生态环境污染破坏行为提起生态环境公益诉讼并取得显著成效的主体相应的物质和精神奖励，一方面奖励该主体的行为，另一方面加大向社会传播生态环境保护的力度。最后，我国可以推行特殊行业生态环境强制保险制度，通过风险责任分担机制，强化高污染企业的风险意识，加大对生态环境公益诉讼原告，特别是受害人的保障力度①。

关于生态环境公益诉讼原告败诉案件受理费问题，《最高人民法院关于审理环境民事公益诉讼案件适用法律若干问题的解释》规定原告可以依法申请减交、免交案件受理费，但是否准许还需要人民法院

① 康忠芳，何志春. 环境公益诉讼完善探析[J]. 社科纵横，2016(5)：97-98.

作出裁决，这就加大了不确定性。为了进一步保障生态环境公益诉讼原告的诉讼积极性，应该将案件受理费的缓交、免交予以明确。对此贵州省高级人民法院已经迈出了这一步，最早予以法律条文明确。2015年其印发的《贵州省高级人民法院关于推进环境民事公益诉讼审判工作的若干意见》的第24条[①]明确了生态环境民事公益诉讼案件的案件受理费一律缓交，且该规定没有给法官任何自由裁量的余地。之后，相似的规定在多地法院出现。需要说明的是，案件受理费的免交不是没有限制条件的免交。案件受理费的收取有防止滥诉、支持司法财政的目的。由于生态环境公益诉讼的特殊性，上述案件的原告缓交费用原则未能适用于生态环境公益诉讼之中。为了保障生态环境公益诉讼原告的利益，调动其诉讼积极性，除去打着生态环境公益诉讼名义进行恶意诉讼之外，在原告败诉的生态环境公益诉讼案件中，原告的案件受理费应一律免交。

关于检验、鉴定费和律师费等原告败诉费用承担问题，《最高人民法院关于审理环境民事公益诉讼案件适用法律若干问题的解释》第24条规定了原告败诉情况下检验、鉴定费的分担方式。根据具体情况，人民法院可以将其他的生态环境公益诉讼中原告胜诉获得的生态环境修复款以及赔偿款用来裁决支付生态环境公益诉讼中原告败诉的检验、鉴定费。但这项规定有待商榷，每一个胜诉的生态环境公益诉讼获取的生态环境修复款应该专款专用于生态环境的修复，不应该挪作他用。而且不是所有的被告都有足够的资金来缴纳生态环境修复款，大部分被告存在资金短缺的情况。某些情况下，让败诉的原告把

①《贵州省高级人民法院关于推进环境民事公益诉讼审判工作的若干意见》第24条："提起环境民事公益诉讼的原告一律缓交案件受理费，需支付鉴定费的可申请从环境公益诉讼资金账户先行垫付。原告败诉的，人民法院一般应决定免收案件受理费。"

诉讼费用的承担完全寄托在被告身上显然是不现实的。败诉原告的诉讼费用和当事人费用由国家和社会分担将更有保障。对于原告败诉自身律师费用的承担问题，是生态环境公益诉讼资金保障机制需要直面的问题。前述生态环境公益诉讼费用规则并不能完全解决检验、鉴定费以及律师费等费用分担问题，国家财政对生态环境公益诉讼的资金保障有限，因此，需要设计出有可操作性、可复制性、成熟的诉讼费用保障制度。

在生态环境公益诉讼费用保障制度方面，国外现有的比较成熟的诉讼费用保障制度是生态环境公益诉讼费用保险制度与生态环境公益诉讼专用基金制度。这两种制度通过市场化的运作模式可以促进生态环境公益诉讼原告主体的积极性，同时减轻财政负担。观察我国的生态环境公益诉讼司法实践，诉讼费用保险制度在我国司法领域尚未实践。相比较而言，生态环境公益诉讼专用基金制度在我国有一定的实践基础，推广后容易出成效，也更符合生态环境公益诉讼的公益性。因此，完善生态环境公益诉讼专用基金制度是完善生态环境民事公益诉讼费用分担制度的最佳路径。

1993年4月，为了支持社会组织提起生态环境民事公益诉讼，我国成立了环境保护基金会。环境保护基金会向社会募集资金以支持社会组织提起生态环境民事公益诉讼。此后，我国在2015年实施的《环境保护法》及其司法解释中都支持环境公益专用基金的发展，但没有出台具体的操作规定。在领会《环境保护法》以及其司法解释支持生态环境公益诉讼专用基金精神的基础上，各地方政府结合本地实际出台了一些地方法规。比如2010年，昆明市政府就生态环境公益诉讼专用基金发布了暂行办法。随着近几年环保组织队伍的逐渐壮大，生态环境公益诉讼专用基金的设立也有了突破，如2015年，环保组织“自然之友”在阿里巴巴公益基金的支持下设立了“环境公益诉讼支持基金”。除去传统的政府财政拨款外，需拓宽基金来源渠道，如采用发行彩票、社会募捐等方式使资金来源多元化。可以妥当运用基金会市场化的运作方式，使生态环境公益诉讼专项基金覆盖全国范围。此外，国家还将生态环境公益诉讼专用基金与法律援助进行衔接，构建完善的生态环境公益诉讼费用系统。对于生态环境公益诉讼法律援助，可以借助生态环境公益专用基金的平台，在胜诉的生态环境公益诉讼的赔偿款中抽取一定比例的资金纳入生态环境公益诉讼法律援助专用基金。通过制度的衔接来调动原告的积极性，减轻诉讼资金压力，从而推动生态环境公益诉讼的发展[①]。

（三）推进生态环境行政公益诉讼制度

生态环境保护部门作为生态环境行政执法机关，其监管职责的履行情况很大程度上影响着生态环境保护的效果。公益诉讼制度的外延既可以做到面对生态环境损害案件的“零容忍”态度，又能在不滋生群体性事件的前提下，将生态环境执法部门的权力置于阳光下，为公众所监督。相比较社会组织或者其他行政机关，检察机关显然更具能力和底气去“啃硬骨头”。其一，《中共中央关于全面推进依法治国若干重大问题的决定》中所提及的“公益诉讼制度”是广义层面的公益诉讼，既包括民事公益诉讼，也包括行政公益诉讼；同时，《检察机关提起公益诉讼改革试点方案》中明确规定了试点地区在探索过程中重点对生态环境和资源保护领域提起行政公益诉讼。其二，虽然《中

① 杨梅.完善环境公益诉讼原告败诉费用分担制度探析[J].法制与经济，2018(8)：25-27.

华人民共和国民事诉讼法》和2015年实施的《环境保护法》赋予了社会组织提起环境公益诉讼的资格，尤其是在《最高人民法院关于审理环境民事公益诉讼案件适用法律若干问题的解释》中仅对社会组织提起环境民事公益诉讼作出了规定，而在未涉及其环境行政公益诉讼的原告资格赋予的背景之下，社会组织更是不愿意“冒险挑战”，于是作为国家法律监督机关的检察机关“当仁不让”地扮演了这个角色，这也使得行政诉讼“民告官”的传统结构出现了“官告官”的情形[①]。

因此，要完善生态环境行政公益诉讼程序中的基本问题：一是证明责任的分配问题。生态环境行政公益诉讼，虽然强调的是“公益”领域，但本质上还是行政诉讼，因此，依据行政诉讼证明责任分配的经典原则“举证责任倒置”，并不因对抗行政机关的是同样强大的检察机关而有所改变。由于检察机关作为非案件的利害关系人，所以很难还原案件事实，这加大了诉讼难度。对于行政机关而言，在举证的过程中了解行政行为存在的问题，能够促使行政机关自我改正。但因生态环境行政公益诉讼中检察机关不得提出行政赔偿的诉讼要求，所以相关的行政赔偿诉讼中举证责任的规定不适用；又因为生态环境行政公益诉讼相较于行政诉讼而言多了诉前程序，且实践中情况多样，传统行政诉讼中有关起诉期限举证责任的规定，生态环境行政公益诉讼需要进一步细化，难以一概适用。二是诉讼风险及结果的执行与监督问题。2015年颁布的《最高人民法院关于适用〈中华人民共和国行政诉讼法〉若干问题的解释》第三条规定，诉讼标的已为生效裁判所羁束的且已经立案的，应当裁定驳回起诉请求。《人民法院审理人民检察院提起公益诉讼案件试点工作实施办法》第十九条规定，对于人民法院作出的行政公益诉讼判决、裁定，当事人依法提起上诉、人民

① 张忠民.环境公益诉讼被告的局限及其克服[J].环球法律评论,2016(5):42-61.

检察院依法提起抗诉来继续维护权利。此种情况可能是检察机关对裁判结果认为确有错误，未达到预期效果而提起抗诉。当检察机关败诉时，若对判决不服，则应根据行政诉讼法的规定以公益诉讼人的身份提起上诉。对于检察机关以公益诉讼人上诉的规定在立法中要进一步完善。此外，人民法院作出生效判决后，依照前文提到的两种可能产生的问题，则可以通过规定行政机关履职后回复检察机关并公开履职情形的手段促使行政机关履职；当行政机关仍不履职或仍未履职到位（公共利益仍未恢复）时，检察机关可提请上级检察机关请求同级行政机关协助，以行政命令的方式督促下级行政机关履职。

要加强对生态环境行政诉前程序的重视，并建立生态环境行政程序与公益诉讼监督程序的衔接。绝大多数生态环境行政案件在诉前程序就终结了，这意味着在法院介入审判权之前，该案件因行政机关按照检察建议的完全履职而结束。但是若只有诉前程序单独存在，对行政机关则无制约机制，检察建议得不到重视。在一定程度上诉前程序为诉讼程序提供了保障。相较于诉讼程序的完备，诉前程序的规定则少之又少。因此，要重视和完善诉前程序制度，出台更加细致的规则去规范诉前程序，使之发挥更有力的监督作用。另外，涉及生态环境资源、食品药品安全、国有财产保护、国有土地使用权出让等方面的具体行政行为多不胜数，检察机关在行使监督职能时通常不能及时掌握相关讯息，存在滞后性，公共利益一直处在被侵害中。若建立该四个领域的行政程序与公益诉讼监督程序的衔接，要求行政机关定期报送或定期公开相关信息，可以使检察机关提前了解并提前介入案件，降低公共利益侵害的程度[①]。

① 谭晓莉.检察机关提起行政公益诉讼存在的问题[J].法制与社会，2018(11·中)：102-103.

第五章 我国生态环境保护全民守法机制研究

法治是现代文明的根本标志，也是实现国家治理体系和治理能力现代化的重要基石。法治要良好运行，不仅需要健全完备的制度体系，还需要公民具有深厚的法治观念，树立对法律的信仰。从长远来看，在建设法治国家进程中，培育法治观念，让法治信仰、法治意识、法治思维在全社会牢固树立起来，是更深层的基础性工程。随着社会经济的快速发展，我国公民的生态环境保护意识有所提升，但是公民的生态环境保护意识仍有欠缺，社会上还没有形成自觉遵守生态环境保护法律的氛围。一段时间里，一些排污单位为追求经济利益，减少生产成本，以消极的态度对待生态环境保护，排放的工业垃圾严重超标。虽然我国的生态环境保护法律法规早已颁布，但由于政府的生态环境保护宣传力度不够，加之公民对生态环境保护法治的认识浅薄，公民无法有效行使自身的生态环境权益，生态环境利益得不到有效维护。全民守法的社会状态，并非仅仅依靠日益精湛的立法技术和不断强化的执法活动或单纯依靠普法和道德教育就可以完全实现。相较于对生态环境保护立法、司法和执法的研究，学界对生态环境保护守法的研究较为薄弱。因此，本章将对此问题进行探讨和研究。

第一节　我国生态环境保护全民守法概述

一、守法和生态环境保护守法的含义

守法是指国家机关、社会组织和公民个人依照法的规定，行使权利（权利）和履行义务（职责）的活动。守法真正意味着一个国家和社会主体严格依法办事的活动和状态：一是依法享有权利并行使权利，二是依法承担义务并履行义务。无论是守法主体还是守法的研究人员，都必须全面理解守法的含义。守法是法的要求，这是守法的法理根据。人们之所以守法是因为法要求这么做，守法是法所规定的义务。换言之，守法是公民的法律义务。法律义务由利益的付出、义务人的无可选择性、责任、国家强制等要素构成。法一旦公布实施，公民就有服从它的法律义务，这是无可选择的，否则，就要承担相应的法律责任，并受到相应的法律制裁。在人类历史上，任何一种类型的法制形态，都无一例外地把守法规定为人们的基本义务，使人们无可选择地服从。在社会主义国家，守法是每一个社会主体应尽的义务。自觉遵守法律，也是社会主义国家法治建设的重要内容之一。弄清楚在何种立场、何种层面和何种逻辑下谈论守法，决定了如何做研究、做什么研究，以及如何建设守法社会。

守法的内涵并不局限于道德、伦理的必然性发展，还有许多值得厘清的问题：守法与立法、执法、司法水平是否有必然联系？是不是法律知识增多、道德水平高，就必然产生守法？守法仅仅是规则适用的结果，抑或仅仅是人们应对外部环境的一种行为反应？守法社会的核心究竟是什么？

美国一个社会心理学家团队做过一组行为实验，该实验最初起因于某国家公园面临的如下难题：来此公园的游客们常常忍不住采摘喜爱的花和树枝，公园管理者多次张贴标示牌进行警告，但收效甚微。在这个团队的建议下，公园换上了另外一块牌子，上面写着："95%到过这里的游客认为，随意采摘是可耻的行为。"随后发现，很多游客在看到这个新牌子时放弃了采摘。接着，这个团队把实验延续到一家旅店，在其某个楼层所有房间的浴室里都贴上了如下提示："90%住过这个房间的旅客选择了重复使用毛巾。"最后发现，相比其他没有贴上述提示的楼层，在该楼层住过的住客大比例地重复使用毛巾。这个研究说明，人们更容易选择做别人认为正确或者他人也同样在做的行动，这是来自社会规范的影响①。大量事实表明，守法不仅是一个法律事实、一种结果，还是一种社会行动的逻辑，具有观念和意识层面的维度，包括行为选择与日常实践的维度。从社会科学的角度来看，从静态的法律规则到动态的行为方式（规则→守法），并不是一个自动生成的结果，其中可能经历法律规则被传播、选择、习得、认可、内化、行动的过程。就此而言，它和执法、司法的过程有着诸多

① ROBERT B., NOAH J.Goldstein, social influence: compliance and conformity[J].Annual Review of Psychology, 2004(55): 591-621.

相似之处。如果我们认可守法是一种社会行动的逻辑，那么它所包含的内容要比许多人所理解的广泛、深刻和丰富得多。

守法的内涵丰富。首先，守法来源于行为主体的一种主动性的行为，并不是完全对法律权威的臣服。承认主体的能动性，并非对法律权威（即社会主体应当尊法守法）的消减。相反，它有助于在真实世界中发现人的认识和行动是在何种情景、以何种方式与法律发生具体的联系或碰撞。而如果否定这种主体性，只从一种自上而下的角度看待法律实施，则容易让法律和公共政策的视野变得缺乏对社会现实的回应。其次，守法是存在于不同的环节之中的，具有过程性。同时，过程中的不同要素之间往往会形成相互建构的关系。换言之，守法会成为一种建构性的力量。最后，作为一种行动的逻辑，守法不应单纯被理解为是一种外在的塑造、对外部环境的应对形式，它还是一种内生性的东西，有着自我生成、自我演化的能力和机制。因此，行动者必须认同和尊重守法的价值，又或当行动者的某种行为动机符合法律的预期时，守法就会成为一种无须法律强制的状态，这才是社会应该真正追求的守法的意义①。

生态环境保护守法是指生态环境保护主体（包括公民、社会组织、企业及国家机关）在从事生态环境活动时，根据生态环境保护法律法规，行使法律权利和履行法律义务的统一。生态环境保护守法主体比较广泛。一方面，国家环保相关行政机关依法对国家生态环境的方方面面进行管理，在生态环境保护守法方面的影响比其他任何团体产生的影响都大。另一方面，公民是生态环境保护守法的主体，也是社会主义守法主体中最为普遍、最为广泛的守法主体。不同守法主体的守法要求是不同的。公民和社会组织的生态环境保护守法包括消极

① 李娜.守法社会的建设：内涵、机理与路径探讨[J].法学家，2018(5)：16-22.

守法与积极守法，前者指遵守生态环境保护法律法规，后者指对生态环境破坏、污染事件进行举报、控告，甚至提起生态环境公益诉讼，这需要改变公民存在的一些认识误区，如生态环境污染与己无关、生态环境保护是政府职责等。国家机关的生态环境保护守法是指其依法行使生态环境执法权，积极履行其职责[①]。

二、我国生态环境保护守法的现状

在生态环境保护法治体系中，守法是参与人数最广、耗费成本最低、法治意义最大的基础和中心环节。守法愈发自觉，后续执法和司法的压力必将大大减少。鉴于守法的巨大作用和重大意义，我国应积极采取有效措施强化生态环境保护守法意识，促使企业和公众主动守法成为法治新常态，早日实现法治社会。党的十八大强调全面推进依法治国，法治是治国理政的基本方式；党的十八届四中全会提出必须弘扬社会主义法治精神，建设社会主义法治文化，增强全社会厉行法治的积极性和主动性，形成守法光荣、违法可耻的社会氛围，使全体人民都成为社会主义法治的忠实崇尚者、自觉遵守者和坚定捍卫者。因此，守法不仅是遵守法律，还是崇尚法律、捍卫法律、用法治思维行事。随着生态环境保护法治建设的不断深入，生态环境保护主体行为被更好地限定在法律范围之内，公民、社会组织和国家机关更多地运用法律思维和法律行为准则处理日常事务，依照宪法及法律行使权利或权力、履行义务或职责。同时，国家通过开展法制宣传教育，在全社会弘扬社会主义法治精神，引导全体人民遵守法律、有问题依靠

① 吴羽.我国生态环境保护的法律问题研究[J].生态经济，2015(1)：164.

法律来解决，通过加强宪法及法律实施，逐步形成不敢违法、不能违法、不愿违法的良性氛围。徒法不足以自行，法律的权威除了在于国家公权力保障实施以外，还在于被法律约束的主体的自觉遵守。生态环境保护法治的发展也离不开各个主体的遵守和自觉维护。虽然经过长期的宣传教育，守法主体的意识和行为有了较大进步，但在生态环境保护法治建设过程中仍然存在许多不足。

（一）我国生态环境保护守法存在守法不严的问题

生态环境保护守法不严的主要原因有，主体缺乏对法律的了解、主体守法意志淡薄、守法主体权利义务不统一等。首先，守法主体缺乏对环境保护法等相关法律法规的了解。守法主体对于法律法规有一定的了解是赋予生态环境保护守法主体更好地行使权利、督促其更好地履行义务的前提。中华人民共和国成立以来，法治建设逐步推进，为了更好地让守法主体了解法律法规，在“一五”至“六五”的计划中都有安排落实普法的计划。守法主体对刑法、民法、经济法这些与公民生活息息相关的法律了解较多，而对生态环境保护相关的法律了解相对较少，因而难以按照生态环境保护相关的法律规定行事，更谈不上用生态环境保护法律来维护自身权益。其次，守法主体的生态环境保护权利与义务不统一。在长期生态环境保护守法实践中，重权利轻义务现象普遍存在。生态环境保护守法的权利是指公民使用生态环境、利用生态环境的权利，是众多公民权利中最为特殊的一种。生态环境保护守法的义务是指公民使用生态环境、利用生态环境时应尽的责任。为了更好地促进公民守法，不仅要规定公民的守法义务，还要保障公民的守法权利，使权利与义务相匹配，促进公民自觉守法。我国公民的生态环境保护权利与其所尽的义务存在不相适应之处。比如，我国生态环境保护法律对于生态环境违法责任的规定以罚款为主，而生态环境保护守法主体在长期守法过程中需要付出大量守法费用，罚款在某些违法事件中并不能起到有效预防作用，这就造成了守法费用高、违法成本低的企业困境。对于生态环境保护守法主体来说，在义务大于权利的状况下，不能有效地激发企业的守法热情，因此，生态环境保护法律对于权利与义务规定的不统一不仅使法律的权威性遭到破坏，还使生态环境保护守法主体更倾向以罚款为代价来选择违法的低成本运行[①]。最后，主体守法意识淡薄。主体选择遵守法律或者违反法律受其主观能动因素影响，即受生态环境保护主体守法意识的影响。如果主体守法意识较强，那么在日常生产生活中，就会自觉遵守法律，或保障自身权益不受损害。反之，则会在自身利益受到侵害时，不会应用法律手段维护自身权益，甚至随意践踏法律红线。在生态环境保护主体守法中，更为重要的是生态环境保护行政执法者的守法。生态环境保护行政执法者的行为不仅代表国家生态环境保护法律权威，还是对法律的宣传和示范，直接影响生态环境保护主体对法律的遵守。加强生态环境保护守法主体的建设，既有助于具体法律法规的执行，也是对生态环境保护法治体系建设的有力保障[②]。

（二）生态环境保护执法者的守法问题

生态环境保护执法者主要是指行政机关，特别是各级生态环境保护部门。生态环境保护部门的守法行为主要体现为其积极履行生态环

① 张帆，王丹.论生态文明法治建设[J].云南社会主义学院学报，2015(3)：133-136.

② 张帆.生态文明法治建设探究[D].大连：大连海事大学，2016.

境保护监管职责、依法行使自身生态环境保护权力。近些年来，各级生态环境保护部门及其工作人员的守法行为在法律的约束以及社会的监督之下，已经取得较大进步。各级生态环境保护部门基本上做到了认真守法，遵守生态环境保护方面的法律法规，积极参与执行国家的综合决策，加强生态环境保护监管，认真开展生态环境保护工作，自然生态恢复工作取得了显著成效，生态功能区划工作也逐步推进，自然保护区的建设管理取得了新进展①。这些都是近年来我国生态环境保护执法者积极履行其职责的重要体现和成绩。但是，由于代表国家行使权力的政府和基层工作人员队伍整体素质参差不齐，有的工作人员仍旧重视手中的权力，习惯于使用命令、指示等传统的管理手段，这就直接导致公众的生态环境正当权利不能得到充分保障，生态环境保护执法结果不能满足最广大人民群众的根本利益。

生态环境保护法治建设中必不可少的一个环节是法律的实施。建立人与自然和谐共处的生态环境保护法治国家，离不开执法者在进行执法活动时严格遵守相关法律法规，科学、严格、高效、公正地执法。执法者的权力来源于法律的明确授予，既不能玩忽职守也不能超越职权，但是在执法实践中仍存在有的执法者消极执法、不履行法律规定的职责、以权谋私、置法律于不顾的现象。执法活动集合法性与合理性于一体，执法者应该严格遵守法定程序，但是在执法实践中仍存在有的执法者无视程序、粗暴执法、超越执法合理性的现象。这些都不符合我国生态文明的法治精神，不利于我国生态环境保护法治建设。

① 李钰.关于政府机关在环境保护守法中主体角色的探究[J].内蒙古农业大学学报(社会科学版),2010(4):222-224.

（三）企业在守法过程中存在的问题

企业是经济发展的重要主体，可以创造经济利益，产生商业价值，还可以解决就业，缴纳税收，进行公共基础设施建设，满足人民群众日常生活的物质需要。企业的发展是一把双刃剑，在创造物质财富的同时也会造成生态环境问题，特别是以第二产业为主的工业企业。我国在防治企业发展过程中可能造成的生态环境破坏和污染时，规定了“三同时”制度，即国家一切新建、改建、扩建的项目可能对生态环境造成影响的，应该将防治生态环境污染和破坏的设施与项目主体工程同时设计、同时施工和同时投产使用。但是由于设置防治生态环境污染和破坏的设施会带来生产成本的增加等问题，而企业又是以追求经济利益为主的组织，所以许多企业特别是规模较小、资金较薄弱的小型企业往往不按照法律制定的制度实施，直到发生生态环境问题。

（四）公民的守法问题

公民是最广泛的守法主体，是生态环境保护法治建设的主要参与者。我国公民的生态环境保护守法意识逐渐有所提升，但仍然需要加强。近些年来，我国农村生态环境问题较为频发，主要是人们在观念上没有认识到生态环境保护的重要性，缺乏守法意识。另外，公民的消费观念缺乏生态环境保护法治的指导，一些公民在消费时单纯追求物质享受，追求排场而造成对资源的浪费或者对环境的污染等。

公民怠于行使自身享有的生态环境权利。公民在生活中享有对生态环境破坏行为的监督权和举报权，同时在自身权益受到侵害时也享有法律救济的权利。但是，在生活中公民由于各种各样的原因没有很好地享受自身拥有的监督权。同样的，在自身权益受到损害时又由于各种各样的原因没有积极地进行维权。

第二节　我国生态环境保护全民守法机制的重构与完善

地球是人类共同的生存家园，需要世界各国人民共同努力来保护我们的生存环境。因此，生态环境保护是与每个人的生活息息相关的，每个人在生态环境保护中都发挥着不可忽视的作用。保障公民生态环境权利，就要加强对公众生态环境保护法治的教育和宣传，完善生态环境保护法治建设的公众参与，让每个公民都可以参与到环境保护的各个领域。在生态环境保护法治建设过程中，要积极弘扬社会主义法治精神，要求公众积极尊法、守法、信法、爱法、用法，树立法治观念，从而建立资源节约型、环境友好型社会，构建与完善生态环境保护守法机制。

一、引导公众树立生态环境保护法治意识，增强公众的法律认同感

亚里士多德曾提出，一种政体如果要达到长治久安的目的，必须使全邦人民都能参加而且怀着让它存在和延续的意愿。要实现现代法治，则必须满足两个最基本的条件：一是“良法”，即要建构能够充

分体现正义和公平价值的法律；二是"服从"，即要使"良法"得到普遍服从。所谓法律认同，是指："民众通过实践经验和理性对社会中的法律制度是否符合社会生活事实、是否顺应民众的价值期待、是否满足民众的需要进行综合的评判之后，对于符合上述条件的法律所持的一种普遍认可和接受、尊重和信任的肯定性评价，并在发生利益冲突时依然自愿选择法律作为调控其行为的内在情感。"[①]因此，法律认同作为对现有制度的一种认同，源自公众对法律的认知和对法律的情感，而且法律认同与公众的价值认同和利益认同存在紧密关系。

为了提升公众的法律认同感，有必要加强生态环境保护法治方面的教育。我国公众、企业及生态环境保护行政执法部门在守法环节中表现的问题，大多是由于自身对生态环境保护相关的法律法规比较陌生引起的。因此，要加大生态环境保护法律的宣传力度，普及公众对生态环境保护法律法规的认识，有效促进公众守法。生态文明建设的顺利实施需要生态环境保护法治建设作保障，生态环境保护主体守法来自法律的科学性、权威性，来自守法主体对法律的认识程度，更来自守法主体的自我守法意愿。只有每个守法主体都具备自我守法意愿，不触碰法律红线，才能实现生态环境保护守法的最终目标。这就要求法律法规要具有威慑力及认同感，同时要求国家相关部门大力进行普法，督促守法主体由不能违法向不愿违法转变。

环境污染、生态失衡给我国的经济发展和公众生活带来了严重影响，我国生态环境问题的解决离不开政府的力量，也离不开公众积极参与其中。因此，要提高公众的生态环境保护法治意识，加大对公众的法治教育，使公众意识到通过法律手段来维护自身合法生态环境权益的重要性。要提高公众的生态环境保护意识，对公众进行生态环境

① 林坤.论法律认同[J].湖北社会科学,2012(12):145.

保护教育是不可或缺的，也是最好的、见效最快的一种方式。国家可以结合公众的社会生活，利用最贴近公众生活的宣传教育途径，加深人们的生态环境保护法治认识[①]。观念的培养离不开社会大环境的教育，应该通过宣传教育在整个社会营造出一种生态法治观念，使每一个主体都能感受到人与自然和谐相处的魅力，感受到生态环境保护的重要性，感受到保护生态环境为人类带来的福祉。

在生态环境保护法治意识宣传过程中，要摒弃以往单一的、形式主义的宣传方式，灵活运用多种渠道、手段，创新宣传方式、拓宽宣传渠道、丰富宣传手段。在社区、学校、单位等与公众生活和工作息息相关的场所进行宣传，积极利用媒体、互联网、社交网站等宣传途径。如可以开发有趣的手机软件，以灵活、有趣的方式介绍相关的法律法规，宣传生态环境保护的重要性，使公众在娱乐中感受到生态环境保护法治的作用；也可以在社交网站上开设专门帐号，以推送的方式提醒公众关注生态环境保护法治的重要性，鼓励公众进行相关话题的讨论，调动他们的积极性；还可以在生活中树立先进单位或者社区典型，发挥榜样的力量，号召人们在榜样的带动下积极遵守生态环境保护法律法规，共同投身到生态文明建设中。在宣传活动中，要抓好重点、有针对性地进行宣传，对与公众利益切实相关的、社会媒体集中关注的问题进行重点宣传。同时还应当做到公开、透明，要敢于接受、善于接受来自媒体和社会各界的监督，畅通民意表达通道，通过回答公众的问题、解决公众的困境获得公众的信任。通过全方位、多层次、多角度的宣传引导，有利于在整个社会中树立起生态环境保护法治建设的观念，形成良好的社会风气，从而有助于生态文明的

①朱婧妤.生态文明法治建设研究[D].西安：西安科技大学，2015.

实现[①]。

二、聚集公众力量，保护生态环境

在生态环境保护法律机制的建设中，要充分认识到公众在生态文明建设中的作用。生态环境破坏行为具有双面性，只有采取各种手段，引导公众行为，才能更好地保护生态环境。首先，应加强公共产品的建立机制，如发展公共交通，让更多的人享受公共交通的便利，以减少私人汽车的使用量，这样不仅减少了汽车尾气给生态环境带来的污染，也减少了对能源的消耗，而能源利用本身也是生态环境保护的应有之义。其次，应建立经济引导机制，通过经济手段引导公众采取对生态环境破坏最小化的生活方式，如对公众选择节能环保产品给予补助，从而引导公众在生活中选择低碳的生态环保的方式。再次，应建立对公众生态文明理念的教育机制，政府部门应通过各种方式，尤其是在学前教育、各种社会性教育中建立针对性的宣传教育活动。最后，重视公众在环境影响评价制度中的作用。作为生态环境破坏行为的最终承受者，公众最关心一个项目在启动和执行之后对生态环境造成的影响，因此，要积极发挥公众在环境影响评价制度中的作用，引导公众参与生态环境保护行政执法，建立公众参与环境影响评价的方式，并保障政府机关采纳公众意见。同时，鼓励各种社会团体参与环境影响评价、参与生态环境保护行政执法效果评价，积极鼓励社会团体、公众参与生态环境保护工作并同一切环境破坏行为作斗争，切

① 孙佑海．依法治国背景下生态文明法律制度建设研究[J].西南民族大学学报(人文社会科学版),2015(5):85-88.

实加强公众在生态环境保护行政执法中的作用。

三、完善公众参与制度，健全生态环境保护守法机制

生态环境是公共资源，关系到每个人的切身利益，生态环境保护是一项需要所有人共同参与的公共事务，必须调动每个人的积极性和创造性。在全面依法治国的背景下，公众参与作为一种活动必须受到法律制度的调整和约束。我国目前关于生态环境保护法治建设的公众参与制度分散在各类环境保护和污染防治法律中：如《中华人民共和国环境保护法》《中华人民共和国水污染防治法》《中华人民共和国环境影响评价法》《环境影响评价公众参与暂行办法》《环境保护公众参与办法》等。总体而言，我国生态环境保护公众参与制度存在着一些问题。有研究者列举了这一制度的不完善之处，例如没有明确规定公民的环境权，关于公众参与的规定大多是原则性的、没有建立起完整的制度和规范的程序，公民的环境知情权缺乏有效的保障机制，公民的环境监督权没有强有力的保障。从发达国家的发展历程和生态环境政策演变的趋势来看，公众参与不但丰富了信息内容，而且各利益相关方关心的问题可以得到反映，为问题的解决提供了综合性方案。因此，公众参与制度是生态环境保护法治机制的重要内容①。

我国现行生态环境保护法律制度对公众参与生态环境保护活动的相关规定过于原则性和抽象化，内容偏少，形式较单一，主要存在以下问题：第一，环境权立法滞后。随着经济社会的发展和人们环保意

① 陈晓宇.环境保护中的公共参与制度探析[J].环境保护与循环经济，2014(3)：26-28.

识的增强，公民环境权逐渐成为一项独立的基本人权。我国尽管在实践上有一些关于环境权保护的案例，但并没有在立法上进行明确规定，更没有在宪法中得到确认。总体而言，我国生态环境保护法律强调环境保护的义务性质，对公民环境权利的关注不够。第二，公众参与形式有限。公众参与生态环境保护仍存在双向性差、形式偏少的问题，一般是对公众进行问卷调查并发布调查结论，对某些影响较大的项目召开听证会，吸收公众代表参与讨论。然而，不管是问卷调查还是听证会，都没有每每做到事先对有关生态环境信息进行披露，公众无法全部了解有关事项或建设项目的具体情况及其对生态环境的影响。由于生态环境保护的专业性较强，如果不事先披露有关信息，公众就没有时间进行知识准备，这样就会使公众参与的效果大打折扣。第三，公众参与的程序不足。目前我国生态环境保护公众参与的相关法律规定多数为原则性的规定，缺乏具体的内容。尽管2015年实施的《环境保护法》第五条规定了公众参与原则，第五十三条又规定了要完善公众参与程序，但如何体现公众参与原则，如何完善公众参与的形式，则语焉不详。这种弹性立法固然有灵活把握的优点，但缺乏可操作性且适用困难。如果对公众参与的基本问题（如参与方式、参与范围、参与过程等）缺乏规定，就会影响公众参与的效果甚至公正性。第四，我国环保组织发展缓慢。目前我国参与生态环境保护的社会公众的类型虽然较多，但真正有持久参与热情和强大参与能力的环保组织却很少。此外，环保组织还会面临经费不足、高素质人员缺乏的问题。受诸多因素的制约，环保组织参与生态环境保护的效果就显得不尽如人意。鉴于此，我国的生态环境保护公众参与制度，应从以下方面进行完善：

（一）完善生态环境保护公众参与相关法律法规

1. 确立公民环境权

公民环境权符合人权的一般属性，应当具有独立性和确定性。为了保障这项基本权利，应该在宪法中确立公民环境权，并在其下位法（如环境基本法、各单行法、行政法规、部门规章、地方性法规等）中，对公民环境权的基本内容（如公民环境权的性质、享有主体、享有范围、程序保障、权利救济等）做出具体配套规定，使公民获取这种权利，在参与生态环境保护时有较为完备的法律依据。

2. 丰富公众参与的形式，增强互动效果

根据《中华人民共和国环境影响评价法》《环境影响评价参与暂行办法》《环境保护行政许可听证暂行办法》和《环境保护公众参与办法》的规定，我国环境影响评价公众参与的方式包括征求意见、问卷调查、座谈会、听证会、论证会等，但是却没有对这些参与的形式做出具体明确，其也无法选择适用。在环境影响评价的早期阶段，建设单位和环境影响评价机构应对项目的信息进行公示，并要求利益相关者提供意见及建议等，但许多项目的环境影响评价被公告在受众面积极小的媒体或小区公告栏上。在环境影响评价机构编制环境影响评价报告的过程中或后期，会要求建设单位进行公众参与活动，但大多数采取问卷调查的形式。而此种形式的参与容易流于“形式”，问卷调查承担主体会对公众代表的选择进行操控或“假参与”。对环境影响评价许可的听证范围，则进一步限定在意见分歧或可能造成严重影

响的项目及专项规划之内，并只准许利害关系人或其代表人参与。

除了问卷调查、听证会以外，还可尝试以下新形式：一是新闻媒体。通过新闻媒体的报道，公众能够了解各级政府生态环境保护管理的有关情况，并可借助媒体提出生态环境保护的相关建议，或对生态环境破坏行为进行曝光。二是电子化公报或公告。2015年实施的《环境保护法》虽然规定了国务院和省级以上人民政府生态环境保护主管部门有定期发布生态环境状况公报的职责，但对于通过什么平台来发布，法律未作规定，传统的做法是通过广播电视、报纸以及网站来发布。随着信息技术的发展，我们还可以借助在公众中有着广泛影响的微博、微信、QQ群、手机信息推送等形式，让更多的社会公众对生态环保问题产生兴趣，激发他们对生态环保事业的热情，让他们关注身边的环境问题，发表自己的见解和看法，在互动交流中学习知识，了解信息，增强认识。三是热线电话和公众信箱。为了及时获取有关环境信息，政府和企业可设置热线电话、公众信箱等专用设备，以便掌握公众反映的环境问题，及时采取措施，对重大生态环境问题迅速向上级报告，使问题得到尽快解决。热线电话和公众信箱的使用，使公众能够与政府、企业进行良性互动，缩短两者之间的距离，同时也提高了政府的行政效率和企业的办事效率。

3. 健全公众参与程序

“在当下中国环境法治领域，国家日益重视社会化权利对国家权力的补充和制约”[①]。正如“地球日”发起人丹尼斯·海斯说，环保不仅靠政府，也靠每个人的生活方式的选择。《中华人民共和国环境影响评价法》的出台是对公众参与生态环境治理的积极回应，强调公

① 郭武.论环境行政与环境司法联动的中国模式[J].法学评论,2017(2):187.

众参与环境治理，通过借助公众的理性维权行动，动员公众参与以完善我国环境治理主体，改进环境治理效果[①]。早在1992年，联合国在《21世纪议程》中明确提出，公众广泛参与决策对于持续发展是必不可少的。个人、集体、团体需要参与有可能影响他们决策的环境影响评价。《中华人民共和国环境影响评价法》中规定的环境影响评价制度适用对象是规划项目或建设项目，这些项目往往是大规模或是对生态环境较具影响性的重点项目，这些项目容易引起环保组织的高度参与兴趣，自然产生公众参与的需求。因此，国家应该积极探索构建完善的环境影响评价公众参与制度，提高决策的接受度，并确保利害关系人权益与一般公众在生态环境决策中的主体地位[②]。

完善法律法规，健全公众参与的程序，需要从以下方面着手：其一，我国应在法律法规中明确规定公众有权获取生态环境信息，并对信息公开的范围、公众获取信息的途径及保障措施予以明确。其二，公众有权对环境问题发表意见和看法，提出批评建议，并向政府和企业进行表达。可建立“政府—公众—企业”三位一体的交流对话机制，每当涉及重大环境决策时，事先就吸收公众参与其中，开展政府与公众、企业的平等对话，对于公众、企业的合理建议，政府可以积极大胆地采纳。其三，公众要参与监督管理。公众可根据现行法律法规，对生态环境立法机关、执法机关（尤其是生态环境保护部门）、司法机关的工作进行监督，对这些部门工作中存在的懈怠、错误、滥用职权等问题予以指出并提出批评建议。对那些后果比较严重的行政行为或司法行为，公众有权要求执法机关、司法机关及其工作人员承

① 张晓云.环境影响评价参与主体“公众”的法律界定[J].华侨大学学报(哲学社会科学版),2018(6):95-96.

② 洪大用.试论改进中国环境治理的新方向[J].湖南社会科学,2008(3):79-82.

担相应的法律责任[①]。其四，完善生态环境公益诉讼制度。2015年实施的《环境保护法》虽然引入了生态环境公益诉讼制度，但对有权提起公益诉讼的主体限定过严，仅限于符合一定条件的社会组织。随着公众权利意识的觉醒，在适当的时候可将提起公益诉讼的主体放宽到公民个人，这样能够使公民对生态环保事务的管理从“有名无实”进化到“触手可及”的状态，使公民环境权成为一种实实在在的权利。

（二）扩展公众参与的范围

2015年实施的《环境保护法》第五条规定，环境保护坚持保护优先、预防为主、综合治理、公众参与、损害担责的原则；第六条规定，一切单位和个人都有保护环境的义务。一般而言，生态环境保护的公众参与，是指在生态环境保护领域，社会公众通过一定的形式和途径积极参与生态环境决策和管理，维护公众生态环境利益的活动[②]。然而，作为《环境保护法》的基本原则之一，公众参与原则的范围不够全面，公众参与生态环境保护的方式不能限定于举报和控告，应该合理设定公众参与生态环境保护的范围。公民生态环境公益诉讼的权利是保护公民环境权益的现实要求，也是促进绿色发展、建设生态文明的必然要求。公益活动的不确定性、社会性和全员性使国家机关、专业组织和个人成为生态环境保护行为的当事人，也为其享有提起生态环境公益诉讼赋予了相应的权利。公众的广泛分布和实时监控等特点，在生态环境保护中起着不可替代的作用。公民参与生态环境公益

① 边柳，高更和. 论公众环境意识与政府环境行为优化[J]. 重庆文理学院学报（社会科学版），2010（2）：80-83.

② 竺效. 论生态文明法治建设的六大环节和重点[J]. 环境保护，2013（3）：45-46.

诉讼，不仅可以促进环境权的有效实现，还可以丰富公众参与的途径，更重要的是，有利于我国建立全面的生态环境保护参与机制，促进生态文明建设。

有学者认为，公众参与生态环境保护的范围应该从纵横两个角度来划分。所谓“纵”就是公众参与每项生态环境事务所能达到的深度。所谓“横”就是公众可以参与到哪些生态环境事务之中，即参与事物的宽度。为了拓展公众的生态环境参与，应该从三个方面采取措施：其一是决策参与，它是指国家需先拟定并公布相关法律草案，听取广大公众的意见，分析并综合公众对草案提出的相关建议，最终制定合理有效的法律法规。对包括公众和媒体关注焦点等公众环境权益问题，可以通过组织召开专家论证会和立法听证会等形式拓展公众参与的渠道，听取广大专家学者和社会各界爱护生态环境人士的意见。其二是立法参与，它是指公民有权对生态环境法律法规的实施过程进行监督，并能对实施过程提出合理意见。公众参与生态环境保护立法，可以保证生态环境决策符合公众的根本利益，使生态环境管理行为得以顺利进行，这对生态环境保护法治建设起到重要作用。其三是事后参与，它是指公众有权向相关部门检举甚至控告正在实施生态环境破坏、污染或已实施环境污染的个人和集体，这是生态环境纠纷救济的参与阶段，体现了国家对公众生态环境诉讼权的重视，以保证公民合法权利的具体实现。

公众参与是对环境影响评价许可实施监督的有效手段，此时的监督包括对行政机关、环境影响评价单位和建设单位的监督。因此，公众应参与规划或建设项目的生态环境管理全过程。但是，现实情况是我国公众参与时机比较滞后。因为公众一般在环境影响评价报告编制阶段进行参与，而没有在环境影响识别和环境影响评价报告书大纲阶段进行公众参与。同时《中华人民共和国环境影响评价法》仅规定了在规划草案报送审批前或报批建设项目环境影响报告书之前以及报送生态环境保护部门审批阶段进行公众参与活动。一般情况下，审批部门仅审查建设单位附在环境影响评价报告书中的公众参与专章和公众参与资料，除非存在重大争议，否则审批部门不会再进行公众参与活动。这就导致将参与者的范围限定为环境影响严重或者可能受到影响地域的居民，而且限定参与者只能提出对建设项目的实施是否赞同的意见。

（三）重视民间环保组织的发展

环保组织是我国新兴的非政府民间组织，在我国的生态环境保护中发挥着重要的作用。积极宣传民间环保组织，能够让公众对其有更加清楚的认识，使人们积极加入环保组织。国家也应该对民间环保组织给予制度上的充分肯定，通过财政政策给予民间组织充足的资金支持。在生态环境保护法治建设中，通过加强公众参与度来营造全民环保的氛围已经成了世界各国普遍重视的手段之一。首先，民间环保组织在财力上往往捉襟见肘，需要积极拓宽资金的来源。一方面政府应加大资金支持力度，另一方面需要社会多管齐下，通过社会爱心人士和企业的捐助筹集更多的建设资金。其次，民间环保组织开展的生态环境保护活动通常比较零散，系统性不足，需要政府对其进行必要的引导和支持，如政府提供培训基金开展人员培训、拓宽政府和民间环保组织的对话交流渠道、搭建多样化的合作平台等。最后，民间环保组织虽然离不开政府的扶持和推动，但是这并不意味民间环保组织是政府的依附者，它在法律上具有完全的独立性，能够进行自我约束、自我规范和自我管理。保持独立性有利于民间环保组织置身于公权力之外，淡化行政色彩，从而更有效地开展环境保护工作[①]。

为了充分发挥我国环保组织的力量，应对其在法律层面上加以完善。首先，制定专门的民间环保组织法律法规。我国民间环保组织的相关法律制度还不完善，缺乏专门的法律法规，只能在程序上参考《社会团体登记管理条例》和《民办非企业单位登记管理条例》。应制定专门的法律法规对民间环保组织的法律地位、权利和义务等做出明确说明，使我国民间环保组织具有法律的保障。其次，在立法上对民间环保组织的独立性加以保障。要确保民间环保组织的独立性，让其自由发展，这样才能更好地发挥民意，调动各种社会力量积极参与生态文明建设。最后，民间环保组织需要有国家的资金支持。民间环保组织是非政府组织，缺乏资金来源和税收政策的支持，这严重制约了民间环保组织的进一步发展。所以，国家应通过税收等政策来增加民间环保组织的资金，为民间环保组织能顺利参与生态文明建设提供法律支持。此外，民间环保组织应该调整内部结构，优化内部组织，增加专业的环保人员，使民间环保组织不断向专业化、完善化发展。

① 邓江凌.环境保护公众参与问题研究[J].重庆文理学院学报(社会科学版)，2018(6):87-95.

主要参考文献

[1]安希龙.生态文明视野下的我国环境行政执法研究[D].银川:宁夏大学,2014.

[2]蔡守秋.当代环境司法的新进展[J].人民法治,2018(4):16-23.

[3]陈金钊."法治思维和法治方式"的意蕴[J].法学论坛,2013(5):5-14.

[4]陈一鑫.生态文明法治建设问题研究[D].南宁:广西师范学院,2016.

[5]邓博.实现美丽中国梦的法治路径[J].生态经济,2015(5):18-20.

[6]邓翠华.关于生态文明公众参与制度的思考[J].毛泽东邓小平理论研究,2013(10):48-52.

[7]邓翠华,林光耀,张伟娟.关于生态文明法律制度的辩证思考[J].福建农林大学学报(哲学社会科学版),2015(3):11-14.

[8]郭珺.我国环境公益诉讼进路探析[J].环境保护,2015(2):60-61.

[9]郭武.论环境行政与环境司法联动的中国模式[J].法学评论,2017(2):183-196.

[10]洪燕娜.论我国环保法庭的困境及其化解路径[D].南昌:东华

理工大学,2018.

[11]康忠芳,何志春.环境公益诉讼完善探析[J].社科纵横,2016(5):95-98.

[12]况继明.推进生态文明建设的环境司法保障[J].学术探索,2013,(12):51-55.

[13]李爱年,刘翱.环境执法生态化:生态文明建设的执法机制创新[J].湖南师范大学社会科学学报,2016(3):80-88.

[14]李娜.守法社会的建设:内涵、机理与路径探讨[J].法学家,2018(5):15-28.

[15]李义凤.论环境公益诉讼中的“诉前禁令”[J].河南社会科学,2013(6):16-18.

[16]李钰.关于政府机关在环境保护守法中主体角色的探究[J].内蒙古农业大学学报(社会科学版),2010(4):222-224.

[17]刘亚梅.公民环境权入宪的法理分析[D].石家庄:河北经贸大学,2017.

[18]吕忠梅.《环境保护法》的前世今生[J].政法论丛,2014(5):51-61.

[19]吕忠梅,李云鹤,张忠民,等.环境司法专门化:现状调查与制度重构[M].北京:法律出版社,2017.

[20]钱水苗.政府环境责任与《环境保护法》的修改[J].中国地质大学学报(社会科学版),2008(2):49-53.

[21]孙佑海.生态文明建设需要法治的推进[J].中国地质大学学报(社会科学版),2013(1):11-14.

[22]孙佑海.推进生态文明建设的法治思维和法治方式研究[J].重庆大学学报(社会科学版),2013(5):40-44.

[23]孙佑海.新时代生态文明法治创新若干要点研究[J].中州学刊,2018(2):1-9.

[24]孙佑海.依法治国背景下生态文明法律制度建设研究[J].西南民族大学学报(人文社会科学版),2015(5):85-88.

[25]王丹,张帆.生态文明法治建设当立法先行[J].人民论坛,2016(6):106-108.

[26]汪劲.环保法治三十年:我们成功了吗[M].北京:北京大学出版社,2011.

[27]王利明.新时代中国法治建设的基本问题[J].中国社会科学,2018(1):45-54.

[28]王树义.论生态文明建设与环境司法改革[J].中国法学,2014(3):54-71.

[29]吴羽.我国生态环境保护的法律问题研究[J].生态经济,2015(1):161-165.

[30]夏正林,马良全.改革开放以来法治观念的嬗变与启示[J].广东社会科学,2019(3):225-233.

[31]肖建国,黄忠顺.环境公益诉讼基本问题研究[J].法律适用,2014(4):8-14.

[32]徐以祥,刘海波.生态文明与我国环境法律责任立法的完善[J].法学杂志,2014(7):30-37.

[33]杨梅.完善环境公益诉讼原告败诉费用分担制度探析[J].法制与经济,2018(8):25-27.

[34]杨朝霞.环境权的理论辨析[J].环境保护,2015(24):50-53.

[35]杨朝霞.破解生态文明法制建设的五大瓶颈问题[J].环境与可持续发展,2014(2):82-85.

[36]于丛丛.我国生态文明建设的法治问题研究[D].泰安:山东农业大学,2012.

[37]余俊.中国特色社会主义法治理论体系的范式形成[J].学术界,2017(10):169-179.

[38]张宝.环境司法专门化的建构路径[J].郑州大学学报(哲学社会科学版),2014(6):50-54.

[39]张彩玲,裴秋月.英国环境治理的经验及其借鉴[J].沈阳师范大学学报(社会科学版),2015(3):39-42.

[40]张帆.生态文明法治建设探究[D].大连:大连海事大学,2016.

[41]张帆,王丹.论生态文明法治建设[J].云南社会主义学院学报,2015(3):133-136.

[42]张莉,郑昆白.论生态文明建设的法治化路径规制[J].佳木斯大学社会科学学报,2016(3):56-60.

[43]张翔.环境宪法的新发展及其规范阐释[J].法学家,2018(3):90-94.

[44]张晓云.环境影响评价参与主体"公众"的法律界定[J].华侨大学学报(哲学社会科学版),2018(6):95-104.

[45]张忠民.环境公益诉讼被告的局限及其克服[J].环球法律评论,2016(5):42-61.

[46]郑少华.WTO？环保？——入世后中国环境法走势的断想[J].郑州大学学报(哲学社会科学版),2002(2):18-19.

[47]郑少华,王慧.中国环境法治四十年:法律文本、法律实施与未来走向[J].法学,2018(11):17-29.

[48]中共中央宣传部.习近平新时代中国特色社会主义思想三十讲[M].北京:学习出版社,2018.

[49]卓光俊.我国环境保护中的公众参与制度研究[D].重庆:重庆大学,2012.

[50]朱婧妤.生态文明法治建设研究[D].西安:西安科技大学,2015.

[51]资金星,张恒业.良法善治:法治中国的价值追求[J].湖南行政学院学报,2018(6):58-64.

后 记

生态环境保护法治化路径是以具有强制性、约束性的法律作为生态环境保护的底线和保障，对生态环境保护的各个环节进行法治规范。将生态环境保护纳入法治轨道，将生态环境保护与法治建设相结合，既是生态环境保护的重要保障，也构成了社会主义法治建设的重要环节，是法治建设的主要内容和重要组成部分。生态环境保护法治化路径建设是全面依法治国战略的重要举措，它关乎人民幸福，关系民族未来，对实现“两个百年”奋斗目标和美丽中国都具有重要意义。

从生态环境保护立法的角度来看，数量众多的生态环境保护立法为环境治理提供了制度支撑。从生态环境保护执法的角度来看，日趋强化的生态环境保护执法确保了生态环境保护立法目标不断得到实现。从生态环境法司法的角度来看，司法机关逐渐成为推动生态环境保护的重要力量。从生态环境保护守法的角度来看，政府、企业和公民的环保意识不断提升。然而，我们必须正视我国生态环境保护任重道远的现实，生态环境保护法治在实践过程中存在诸多问题，与生态环境良好治理的现实需求存在一定的差距。生态环境保护法治具备较强的社会适应性，可以根据社会环境的变化和科学技术的发展及时调适。我们热切期待在这个伟大的时代，生态环境保护的良法善治可以最终实现。

《我国生态环境保护法治化路径的研究》是2015年安徽省教育厅人文社科重点项目（SX2015A625）、2016年安徽省高校优秀青年人才支持计划重点项目（gxyqZD2016486）的重要研究成果。这两个项目立项时间均为2016年1月，按照项目进度安排，项目的研究特别是文献资料的查阅收集主要集中于2016年至2017年。在积累一定文献资料和实践调查的基础上，2017年初正式开始撰写本书，历时两年，于2019年初完成初稿。因此，本书的参考资料大多来源于2018年之前公开发表的文献，由于数量众多，未能一一列出著作权人，在此对这些资料的著作权人一并表示感谢。

近几年来，我国生态环境保护是社会普遍关注的热点话题，生态环境保护有关的法律政策较之前有较频繁的改动。一方面由于项目研究与结项历时时间较长，书中有些资料相对现阶段略显陈旧；另一方面本书的完成与出版之间存在一定时差，社会变化日新月异，法律政策具有实效性较强的特点，因此，书中难免出现与目前的实际不相符的观点。这些都是本书的不完美之处，作者对此心怀遗憾，并将一如既往地关注和研究我国生态环境保护的法治化路径建设，力争形成新的高水平研究成果。

张　莉

2019年2月